Elisabeth Dreisbach · Eine Hand voll Ruhe

ELISABETH DREISBACH

Eine Hand voll Ruhe

CHRISTLICHES VERLAGSHAUS GMBH
STUTTGART

1.–10. Tausend 1974
11.–15. Tausend 1975
16.–25. Tausend 1977
26.–32. Tausend 1978
33.–38. Tausend 1980
39.–43. Tausend 1983
44.–48. Tausend 1985
49.–52. Tausend 1989
53.–56. Tausend 1990
57.–60. Tausend 1995

Umschlaggestaltung: Dieter Betz, Weissach
Umschlagfoto: W. Rauch
Gesamtherstellung: Druckhaus West GmbH, Stuttgart
ISBN 3-7675-7025-4

Liliane war gerade acht Jahre alt, als sie sich zum ersten Mal begegneten. Joachim hatte kurz vorher seinen 20. Geburtstag gefeiert. Das zierliche kleine Mädchen stand in einem roten Mäntelchen an der Schiffsanlegestelle und wartete, wie jeden Tag um diese Zeit, auf das Schiff, das von Brienz her kam und nach Interlaken weiterfuhr.

„Es kommt!" stellte die Kleine befriedigt fest und hob den Arm zum Gruß – gewiß, daß ihr Freund, der Schiffskapitän, sie schon von ferne sehen würde.

„Was kommt?" fragte der junge Mann, der lässig an das Geländer gelehnt, in sichtlicher Langeweile über den See blickte.

Das Kind hatte nicht zu ihm gesprochen, als es seine Feststellung machte, sondern als Bestätigung seines Wartens nur zu sich selbst. Aber dazu erzogen, Fremden höflich zu begegnen, antwortete es: „Das Schiff!"

„Wohnst du hier in Iseltwald?" fragte der junge Mann.

„Ja, dort drüben."

„Dann ist die Ankunft des Schiffes ja nichts Neues für dich. Das erlebst du doch jeden Tag einige Male."

„Ja, ich bin die Freundin des Kapitäns. Jacki heißt er und ist der Freund meines Vaters."

Der Fremde lachte belustigt und ein wenig höhnisch. „So, du bist die Freundin des Kapitäns? Da kann er sich ja was einbilden, denn du bist eine süße kleine Kröte."

„Ich bin keine Kröte, und süß bin ich auch nicht; denn mich kann man nicht essen."

„Oh, sage das nicht! Wer weiß, vielleicht bin ich ein Menschenfresser und verschlinge dich mit Haut und Haaren. So niedliche kleine Mädchen sind für mich ein großer Leckerbissen."

Liliane warf dem jungen Mann einen prüfenden Blick zu. Seine Worte beunruhigten sie nicht. War sie auch noch klein – für so dumm mußte er sie nicht halten, daß sie ihm glaubte, was er soeben dahergeredet hatte. Ihr Blick bedeutete vielmehr: Was bist du eigentlich für ein Mensch, daß du hier, wo es so viel Schönes zu sehen gibt, herumstehst, als merkest du es gar nicht?

Bisher hatte der junge Mann davon kein Wort gesagt. Irgendwie vermißte Liliane es, wenn sie es auch nicht hätte erklären können. Aber immer, wenn die Leute sagten, daß es hier in Iseltwald wunderschön sei, kam es Liliane vor, als gehöre dies alles ihr persönlich. Sie möchte dann den Feriengästen zunicken und kam sich beinahe wie ein kleiner Fremdenführer vor, wenn sie ihnen erklärte: „Dort drüben, auf der anderen Seeseite, liegt Ringgenberg und rechts davon Niederried. Wenn Sie mit dem Schiff bis ans Ende des Sees fahren, sind Sie in Brienz. Dort führt die Rothornbahn auf das Rothorn hinauf. Da oben ist jetzt schon Schnee. Wenn Sie auf dem See links weiterfahren, kommen Sie nach Bönigen und zuletzt nach Interlaken. Dort gibt es viele vornehme Hotels und schöne Geschäfte. Danach kommt der Thuner See. Der Berg auf der linken Seite, den man von hier aus sehen kann, ist der Niesen. Da bin ich aber noch nie gewesen. Ich bin ja auch erst acht Jahre alt. Aber später darf ich mit meinem Vater auf den Niesen. In Thun war ich schon ein paarmal. Dort wohnt meiner Mutter ihre Schwester. Aber der Brienzer See gefällt mir besser als der Thuner See, weil es unser See ist."

Das Schiff war inzwischen angekommen. Liliane hatte

keine Zeit mehr, über den gelangweilten Fremden nachzudenken. Sie mußte ihrem Freund, dem Kapitän, zuwinken, sich neben das Mädchen von der Post stellen und ihm helfen, dem Schiffspersonal den Postsack hinüberzureichen und andererseits die Post vom Schiff in Empfang zu nehmen.

Immer sahen die Kurgäste, die während der Saison zahlreich an den Fahrten über den See teilnahmen, freundlich lächelnd dem eifrigen kleinen Mädchen zu, das möglichst keine Ankunft und keine Abfahrt des Schiffes versäumen wollte. Das Kind war so bei der Sache, daß man den Eindruck haben könnte, die Abwicklung des Schiffsverkehrs in Iseltwald sei ohne seine Mithilfe undenkbar.

Jetzt aber war die Hauptsaison vorbei. Es war Mitte Oktober. In den nächsten Tagen begann der Winterfahrplan. Verschiedene Sommerfahrten waren bereits gestrichen worden, und im Kur- und Ferienbetrieb wurde es ruhiger. Zwei – drei Leute hatten das Schiff verlassen, und nur wenige fuhren weiter in Richtung Interlaken.

Die Schiffsglocke läutete. Liliane hob wieder winkend die Hand und wandte sich dem Fremden zu, der immer noch am Geländer der Anlegstelle lehnte, aber nicht – wie sie – dem Schiff nachgeblickt hatte.

„Die Glocke läutet immer für mich. Das tut der Schiffskapitän, um mir ‚Auf Wiedersehen' zu sagen."

„Ich glaube, du bildest dir ordentlich was ein", erwiderte der junge Mann in spöttischer Herablassung. „Ich würde mich nicht wundern, wenn du behaupten würdest, der Brienzer See gehöre dir ganz allein."

„Natürlich gehört er mir, nur nicht mir alleine, sondern uns allen, die wir hier an seinen Ufern wohnen. Immer wieder sagt mein Lehrer: unser See. Und mein Vater sagt es auch. Mein Vater ist nämlich Fischer und fährt jeden Morgen in aller Frühe hinaus."

„Ach, dein Vater ist Fischer? Wie interessant! Bringt denn die Fischerei so viel ein, daß ihr davon leben könnt? Du hast doch sicher noch Geschwister?"

„Ja, drei kleinere Brüder."

„Dann wundere ich mich, daß du hier herumstehen kannst und nicht deiner Mutter behilflich sein mußt, die Kleinen zu hüten."

„Ich helfe ihr auch, aber wenn das Schiff kommt, läßt sie mich immer gehen, weil sie weiß, daß der Kapitän auf mich wartet."

„Haha! So was Verrücktes!"

Empört drehte Liliane dem Fremden den Rücken zu. Was fiel ihm ein, sich über sie lustig zu machen!

Er aber sprach sie noch einmal an: „Du kleine, beleidigte Schönheit, glaubst du, dein Vater würde mich mal mitnehmen, wenn er zum Fischen fährt?"

„Nur ganz selten nimmt er jemanden mit, aber ich glaube ...", Liliane hatte sich noch einmal dem Sprecher zugewandt und maß ihn mit einem prüfenden Blick. Dann entschied sie, daß es nicht recht sei, auszusprechen, was sie dachte und schickte sich endgültig an, zu gehen.

Joachim Frohgemut, so war der Name des Fremden, war mit einem Satz an ihrer Seite, hielt sie lachend am Arm fest und fragte: „Was — aber? Sprich aus, was du sagen wolltest!"

Liliane befreite sich mit einem Ruck von seinem Griff und erwiderte: „Ich weiß, daß man zu Fremden immer höflich sein muß, meine Mutter nimmt nämlich auch Gäste auf — ich will auch nicht unhöflich sein, aber ...", wieder zögerte sie, weiterzusprechen.

„Nun rede schon", drängte der junge Mann. „Ich werde nicht beleidigt sein, was du auch sagst. Solch ein hübsches kleines Ding kann mich überhaupt nicht beleidigen."

„Ich glaube nicht", fuhr Liliane nun fort und hielt dem herausfordernden Blick des Fremden mit ernsten Augen stand: „Ich glaube nicht, daß Vater Sie mitnimmt. Er kann nur Leute brauchen, die schweigen können."

„Hoho! Du stellst mir ja ein Zeugnis aus! Glaubst du, ich kann den Mund nicht halten? Habe ich dir etwa zu viel gesprochen?"

„Zu viel nicht — aber nicht das Richtige."

„Du bist doch eine kleine Kratzbürste! So etwas hat mir noch keiner gesagt. Das ist das Amüsanteste, was mir in diesem Kuhnest bisher begegnet ist. Komm, bleib noch ein bißchen hier. Du gefällst mir je länger, desto besser!"

Aber das kleine Mädchen ließ sich nicht zurückhalten: „Nein, ich muß jetzt meiner Mutter helfen."

Nach zwei Schritten blieb Liliane noch einmal stehen und wandte sich aufs neue dem jungen Mann zu: „Haben Sie mit dem Kuhnest Iseltwald gemeint?"

„Ja, was denn sonst?"

Da würdigte sie ihn keines weiteren Blickes und keines Wortes mehr und ging davon.

„Hätt's Schiff hüt Verspätig g'ha?" fragte die Mutter, als Liliane nach Hause kam.

„Nai, worum?"

„Will 'd so lang bliebe bisch!"

Da erzählte das Mädchen von dem Fremden, der kein Wort darüber verloren habe, wie schön es hier sei. Außerdem habe er sie eine Kröte genannt.

„Waas hätt'r gsait? Du sigescht e Krott? Wie chunnt er derzue?"

Liliane berichtete nun der Mutter ausführlich von der Begegnung mit dem jungen Mann und daß er noch gesagt habe, sie sei süß und eine kleine beleidigte Schönheit.

Frau Stucki, die sich bis dahin am Küchenherd zu schaffen

gemacht hatte, drehte sich mit einem Ruck zu ihrer Tochter um und sagte: „Lilianeli, das isch e blöd's G'schwätz. Hör' nit druf."

Liliane wollte nun wissen, wie sie sich verhalten solle, wenn er morgen wieder an der Schiffsanlegestelle stehe und sie anspreche. Sie wußte, die Mutter verlangte, daß Liliane zu den Kurgästen, von denen man hier abhängig war, immer höflich und freundlich war. Um der Fremden willen hatte sich Liliane daran gewöhnt, schriftdeutsch zu sprechen, und wenn sie mit der Schule fertig war, würde sie ein Jahr in die französische Schweiz gehen, um die Sprache zu lernen. Später mußte sie noch ein Jahr nach England, um sich ebenfalls mit den englisch sprechenden Gästen unterhalten zu können.

In letzter Zeit kamen immer mehr Ausländer, Deutsche, Franzosen, Amerikaner oder Engländer, in die Schweiz, um sich an deren Schönheit zu erfreuen. Es gehörte sich einfach, daß man sie in ihrer Sprache anredete. Der Fremde am See hat sich bestimmt gewundert, warum sie sich mit ihm nicht auf Schwitzerdütsch, sondern Hochdeutsch unterhalten hatte. Doch was hatte er schon gemerkt? Nicht einmal, wie schön es am Brienzer See war. Er hatte ja auch nicht geglaubt, daß es ihr See sei.

Nach einiger Zeit schrie Lilianes kleiner Bruder Ruedi, der erst ein halbes Jahr alt war. Er lag wach in seinem Bettchen, wollte trocken gelegt werden und etwas zu essen haben.

„Liliane, wo bisch?" rief die Mutter aus der Küche. „Ghör'sch eigentlich nit, daß der Chli brüelt?"

Wo war sie denn nur? Frau Stucki hob die Milch vom Feuer, damit sie nicht überlaufe und suchte ihre Tochter. Sie fand sie im elterlichen Schlafzimmer vor dem Spiegel, wo sie sich eingehend betrachtete.

„Maitli, bisch du nit g'schiet? Do sto'sch du vor em Spiegel und chümmersch di nit um d'r Ruedi! Dänksch epper dem blöde G'schwätz vo vorig noach?"

Puterrot war Liliane, weil sie sich von der Mutter ertappt sah. Ja, es stimmte, sie wollte feststellen, ob der Fremde recht hatte, ob sie wirklich eine kleine Schönheit war. Ohne überhaupt ein Wort zu erwidern, eilte sie zu dem schreienden Brüderlein. Irgendwie hatte es sie geschmeichelt, von dem jungen Mann bewundert worden zu sein. Wenn ihr seine lässige Art und das spöttische Gerede auch gar nicht gefallen hatten, so klangen seine Worte doch in ihr nach: „Süße kleine Kröte! Kleine Schönheit!" Sie müßte kein Mädchen gewesen sein, wenn ihr solche Komplimente nicht gefallen hätten, obwohl sie erst acht Jahre alt war.

Am Nachmittag konnte Liliane bei der Ankunft des Schiffes nicht am Steg sein; sie hatte Schule. Erst am nächsten Morgen war es wieder möglich. Tatsächlich, da stand auch der Fremde! Sie wollte so tun, als sähe sie ihn nicht.

Er aber rief ihr wie einer alten Bekannten zu: „Hallo, Liliane!"

Einen kleinen Augenblick zögerte sie, doch dann wandte sie sich ihm zu: „Grüetzi!" Sie verbesserte sich: „Guten Tag!"

„Nicht wahr, du weißt noch nicht einmal, wie ich heiße", sagte der junge Mann lachend und kam zu ihr. „Mein Name ist Joachim Frohgemut."

„Frohgemut", wiederholte das Mädchen sinnend. „Das ist ein schöner Name, aber —", prüfend blickte es dem Fremden ins Gesicht.

„Aber was?" fragte er lachend zurück, „was hast du heute schon wieder an mir auszusetzen?"

„Ich weiß nicht, ob ich es sagen darf."

„Natürlich darfst du!" Er amüsierte sich sichtlich über die kleine Schweizerin.

„Der Name paßt nicht zu Ihnen."

„Nanu! — Wieso denn nicht?"

„Weil Sie gar nicht froh ausschauen. Und Sie sehen auch gar nicht das, was einen hier froh machen kann — die Berge, den blauen Himmel und vor allem unseren See."

„Klar, sehe ich das alles."

„Aber nicht richtig", behauptete das Kind jetzt wieder. „Sie sehen es nicht so, daß es Sie froh macht, wie die anderen Fremden, die hierher kommen."

Joachim Frohgemut schüttelte den Kopf. Dieses Mädchen war eine altkluge kleine Person. Irgendwie hatte er seinen Spaß an ihr, und es reizte ihn aufs neue, sie zu necken.

„Ich will dir einmal etwas sagen, Liliane — dein See hier ist eine lächerliche, kleine Wasserpfütze im Vergleich zum Meer. Du mußt nämlich wissen, daß ich von Ostpreußen komme. Aber du weißt bestimmt nicht, wo das ist. Bei dir hört die Welt hinter Thun und auf der anderen Seite des Sees hinter Brienz auf. Aber du kannst dir das mal auf dem Atlas anschauen. Meine Mutter und ich wohnen in Königsberg. Ganz in unserer Nähe ist die Ostsee. Da haben wir ein Sommerhaus am Strand. Deinen winzig kleinen Brienzer See verschluckt das Meer hunderttausendmal in einem Atemzug. Bei uns am Strand sieht man nichts als Himmel und Wasser, Wasser und nochmal Wasser."

„Und keine Berge?"

„Nein, keine Berge."

„Und keine Dörfer am anderen Ufer?"

„Keine Rede davon. Du machst dir keinen Begriff!"

„Das will ich auch nicht. Nie im Leben gehe ich von hier fort, nur wenn ich Französisch und Englisch lernen muß, aber dann komme ich immer wieder zurück nach Iseltwald. Wenn es Ihnen hier nicht gefällt, warum bleiben Sie dann überhaupt da?"

„Schau an, die Kleine zeigt ihre Krallen und geht wieder zum Angriff über. Wirklich, Liliane, du bist das einzige Amüsante hier in diesem Kuhnest."

„Nun sagen Sie schon wieder so etwas Häßliches."

„Stimmt es etwa nicht? Aus jedem Haus oder jedenfalls aus jedem Stall brüllen ein paar Kühe. Die sind doch mit ihrem Glockengeläut der ganze Stolz von euch Schweizern."

„Aber wie Sie es sagen, ist es nicht schön. Sie wollen uns verspotten, wenn Sie Kuhnest sagen. Warum gehen Sie dann nicht fort?"

Joachim Frohgemut war von der Jugendfreundin seiner Mutter eingeladen worden, die auch eine Deutsche war. Sie hatte einen Schweizer geheiratet, der aber schon nach einigen Jahren starb. In Iseltwald besaß sie ein Chalet, in dem sie während der wärmeren Jahreszeit wohnte. Bern, die Hauptstadt, war ihr ständiger Wohnsitz. Frau Frohgemut hatte ihr vor einigen Monaten geschrieben, ihr Sohn müsse nach Davos, um eine Lungensache auszuheilen.

Auch Frau Frohgemut war Witwe. Ihr Mann war im Ersten Weltkrieg gefallen. Joachim war damals gerade vier Jahre alt. Herr Frohgemut besaß ein gutgehendes Herrenbekleidungsgeschäft in Königsberg, das er von seinem Vater übernommen hatte, als dieser sich zur Ruhe setzte. Nur die kurze Zeit, bis er an die Front geschickt wurde, führte er es in eigener Verantwortung. Nach dessen Tode übernahm der Großvater wieder das Geschäft.

Joachim wuchs unter der Obhut der Großeltern heran. Sie sahen in dem Jungen den über alles geliebten Stammhalter. Liebevoll umsorgt und von seiner zu weichherzigen Mutter, einer reichen Gutsbesitzertochter aus Memel, verhätschelt und verwöhnt, verlebte er seine Kindheit. Er litt keine Not, selbst in den schweren Kriegsjahren nicht, in denen Tausende darben mußten. Auch während seiner Schulzeit vermißte er nichts. Die Großbauern, von denen es damals in Ostpreußen noch viele gab, wußten, daß ihre Erzeugnisse begehrte Tausch- und Zahlungsmittel waren, mit denen sie sich bei Frohgemuts neu einkleiden konnten. Das großelterliche Gut, auf dem Joachims Mutter aufgewachsen war, versorgte die Familie ebenfalls mit Eiern, Butter, Mehl und Fleisch.

Joachim betrachtete das alles als selbstverständlich und lernte nicht, sich zu fügen. Er schien anzunehmen, daß das Leben immer so weitergeht. In der Privatschule hätte er seiner Intelligenz entsprechend zweifellos an der Spitze der Klasse stehen können, er blieb aber nur ein mittelmäßiger Schüler, weil er einfach zu faul war und nicht lernte. Die Mutter hätte ihn am liebsten studieren lassen. Dazu wiederum hatte er keine Lust. Mit Mühe schaffte er die mittlere Reife und war damals bereits achtzehn Jahre alt, weil er in einer Klasse sitzengeblieben war. Auf Wunsch des Großvaters sollte der Enkel denselben Beruf ergreifen wie sein Vater und er. Der alte Mann wollte das Geschäft einmal in Joachims Hände legen. So mußte er notgedrungen den Beruf eines Textilkaufmanns erlernen. Eigentlich hatte er dazu keine Lust, aber irgend etwas mußte er ja unternehmen.

Der Großvater starb, als Joachim im ersten Lehrjahr war. Ein langjähriger, gewissenhafter Angestellter führte das Geschäft weiter. So hatte es der Großvater gewünscht, bis Joachim soweit war, es übernehmen zu können. Die Großmutter überlebte ihren Mann nur kurze Zeit. Dann wurde Joachim krank. Der Arzt stellte ein Lungenleiden fest, weshalb er die Lehre unterbrechen mußte und nach Davos geschickt wurde. Hier sollte er solange bleiben, bis die Krankheit ausgeheilt war. In der ersten Zeit gefielen ihm der Aufenthalt und das Nichtstun in Davos. Nicht pünktlich frühmorgens im Geschäft sein zu müssen, keine Pflichten zu haben — das schmeckte ihm besser, als den Lehrjungen zu spielen. Sein Vorgesetzter hatte ihm nichts geschenkt. So war es dem verzärtelten Muttersöhnchen nicht leicht gefallen, sich anzupassen und zu fügen. Immer wieder hatte er vor der Mutter aufbegehrt, daß er ja schließlich nicht irgendein Lehrjunge, sondern im Grunde genommen schon jetzt Besitzer des Geschäftes — also sein eigener Chef sei.

Doch dann war er nach Davos gekommen. Der dortige Kurbetrieb hatte allerlei Abwechslung geboten, nur gefiel ihm die stundenlange Liegekur nicht und daß er — jedenfalls in den ersten beiden Monaten — am Abend keinen Ausgang hatte.

Länger als geplant mußte Joachim in Davos bleiben, bis er als geheilt aus dem Sanatorium entlassen werden konnte. Am liebsten wäre er so schnell wie möglich nach Königsberg gereist. Aber dort hätte er wieder in die Lehre gehen müssen. Darum sagte er gerne zu, als die Freundin seiner Mutter ihn einlud, noch einige Wochen — gewissermaßen als Nachkur — zu ihr nach Iseltwald zu kommen. Seit ein paar Tagen war auch Frau Frohgemut zu Besuch bei ihr. Mutter und Sohn hatten sich längere Zeit nicht gesehen. Die Feststellung, daß ihr Sohn inzwischen nun wirklich ein Mann geworden war, hielt Frau Frohgemut nicht davon ab, ihn wie eh und je zu verwöhnen. Am liebsten hätte sie ihn in Watte gepackt und jedes Lüftchen von ihm ferngehalten.

„Vergiß nicht, Achim, du hast ein Lungenleiden gehabt! Ein Rückschlag kann sehr schlimm werden."

Ein — zwei Tage hatte sich der Sohn dies mitangehört, doch dann war er aufbegehrt: „Nun mach aber mal einen Punkt, Mama! Ich bin schließlich kein Wickelkind mehr! Wenn du hier schon in Angst um mich vergehst, obwohl hier ein viel milderes Klima herrscht als bei uns in Königsberg, so möchte ich wissen, wie es zu Hause weitergehen soll? Im übrigen hoffe ich nicht, daß du vorhast, dich hier allzu lange aufzuhalten."

Er hatte sich an Frau Madeury gewandt: „Entschuldige, Tante Henny, ich will meinen Aufenthalt hier in keiner Weise schmälern. Es ist sehr liebenswürdig von dir, daß du mich eingeladen hast. Und du hast auch in rührender Weise für mich gesorgt, aber jetzt, nachdem Mama hier ist, atme ich wieder Heimatluft ein. Sie hat etwas von der Ostseebrise mitgebracht. Ich möchte jetzt wirklich ganz schnell nach Hause, zumal sich in Deutschland gewaltige Ereignisse anbahnen. Lange genug bin ich fortgewesen. Ich möchte dabeisein, wenn nun in unserem Vaterland die große Wende eintritt."

„Sprichst du von diesem Hitler?" hatte Frau Madeury gefragt.

„Ja, Tante Henny, genau!"

„Ich befürchte, er wird das deutsche Volk in Unheil stürzen, in noch weit größeres, als es durch den unseligen Krieg bereits geraten ist."

„Verzeih! Obgleich du von Geburt aus Deutsche bist, merkt man dir doch an, daß du seit Jahren in der Schweiz lebst und dir eine gewisse Kleinkariertheit angeeignet hast. Du bist solch eine kluge Frau, aber auf diesem Gebiet scheinst du deinen Horizont nicht erweitert zu haben."

„Joachim!" hatte Frau Frohgemut bestürzt getadelt. „Du beleidigst meine Freundin!"

Diese hatte lächelnd den Kopf geschüttelt. „Nein, Gretchen, das kann er nicht. Sprich nur weiter, Joachim."

„Ich habe mich in der Zeit meiner Abwesenheit ganz bewußt auf dem Laufenden gehalten, Tante Henny. Mama hat mir regelmäßig die Königsberger Zeitungen geschickt. Eure Schweizer Blätter maßen sich ja an, über die neue Bewegung in Deutschland ein vernichtendes Urteil zu fällen. Aber sie werden schon sehen, daß unser Volk sich zu einer Größe erhebt wie nie zuvor."

„Wenn du nur keine allzu große Enttäuschung erlebst!" meinte Frau Madeury.

„Niemals! Und bitte, liebe Tante, verstehe, daß es mich nun nicht mehr länger hier hält. In der Schweiz ist es mir zu eng. Und dann, was bietet dieses Kuhnest Iseltwald?"

„Joachim!" hatte Frau Frohgemut aufs neue ihren Sohn gerügt. „Wie kommst du mir vor? Vergiß nicht, daß du hier zu Gast bist."

„Nein, gewiß nicht, Mama. Ich wollte dich, Tante Henny, beileibe nicht kränken. Aber ich bin überzeugt, daß auch du jedesmal froh bist, wenn sich dein Aufenthalt hier in Iseltwald dem Ende zuneigt und du wieder nach Bern in deine Villa zurückkehren kannst. Dort wird doch wenigstens etwas geboten: Konzerte, Theater, kulturelle Veranstaltungen mancher Art. Wenn ich hier mal ins Kino will, muß ich nach Interlaken. Die Verbindung ist miserabel, besonders wenn ich am Abend spät zurückkomme, und jetzt haben sie sogar noch einige Schiffe vom Fahrplan gestrichen. Ich hoffe, du springst mir nicht gleich ins Gesicht, Tante Henny, wie meine kleine Freundin von der Schiffsanlegestelle, weil ich ihr sagte, daß Iseltwald ein Kuhnest ist."

Joachim hatte sich königlich über seine Mutter amüsiert, die bei seinen letzten Worten bereits wieder ängstliche Augen machte.

„Was sagst du? Eine kleine Freundin?"

„Kein Grund zur Sorge", hatte sie Frau Madeury beruhigt. „Joachim hat mir bereits von ihr erzählt. Es ist ein achtjähriges Mädchen."

„Ja, Liliane heißt sie und ist ein bildhübscher kleiner Fratz. Du müßtest sie nur sehen, Mama."

Sie hatte ihm mit dem Finger gedroht. „Achim, ich hatte

schon wieder Angst! Du mußt nämlich wissen, Henny, er angelt sich überall, wo er auch hinkommt, im Handumdrehen ein paar Freundinnen."

Nicht ohne mütterlichen Stolz hatte sie fortgefahren: „Die Mädchen fliegen ihn an, wie die Bienen die Blüten."

Einen kleinen Augenblick hatte Frau Madeury den jungen Mann sinnend angeschaut. Er hätte etwas darum gegeben, ihre Gedanken lesen zu können.

Sie aber hatte sich ihrer Freundin zugewandt: „Die kleine Liliane, die er seine Freundin nennt, ist das Töchterchen eines hiesigen Fischers. Ich kenne die Familie. Es sind einfache Leute, die aber ein vorbildliches Leben führen."

„Na, ich finde diese Liliane ziemlich altklug, um nicht zu sagen vorlaut", hatte Joachim widersprochen.

„Und doch nennst du sie deine Freundin?"

„Ach Mama, nimm doch bloß nicht alles so wörtlich. Die Kleine hat mich eben amüsiert, zumal sie mir bei den wenigen Gesprächen ein paarmal die Leviten verlesen hat."

„Nanu, hast du dich so daneben benommen?"

„Ach, woher! Ich habe sie nur ein bißchen geneckt."

Eine Woche nach diesem Gespräch hatte Joachim es durchgesetzt, daß seine Mutter die Koffer packte. Ihn hielt es hier nicht mehr länger, weil aber auch gar nichts los war.

Liliane hatte er nicht mehr an der Schiffsanlegestelle gesehen. Ob sie krank geworden war? Sie hatte ihm doch erzählt, daß sie täglich möglichst bei jeder Ankunft des Schiffes am Steg stehe.

Es war am Vortag der Abreise. Noch einmal schlenderte der junge Mann lässig durch den Ort, mit dem ihn auch nicht das Geringste verband. Als er sich dem See und der Schiffsanlegestelle näherte, entdeckte er Liliane, die einen Kinderwagen vor sich herschob, in dem ein kleiner pausbäckiger Junge saß, während links und rechts vom Wagen zwei Buben von etwa drei und fünf Jahren trotteten.

Joachim wunderte sich, daß das Mädchen nicht wie sonst den Weg zur Schiffsanlegestelle einschlug, sondern über den Dorfplatz steuerte und dann in einem Nebensträßchen mit den Brüdern verschwand. Er entschloß sich, hinter ihnen herzugehen. Ihr Weg führte durch ein paar Gäßchen und dann nach einer Weile wieder am See entlang. Von einer Kurpromenade konnte man hier nicht sprechen. Aber einige Bänke in bescheidenen Anlagen ließen annehmen, daß dieser Weg, von dem aus man eine gute Aussicht auf die gegenüberliegenden Berge hatte, von den hier weilenden Fremden gerne benutzt wurde.

Liliane hatte sich auf eine Bank gesetzt. Sie schaukelte den Wagen hin und her. Der kleine Bruder schien zu schlafen, während die beiden größeren sich vergnügten, indem sie hintereinander hersprangen oder sich gegenseitig ins Gras warfen. Solange sie dem Wasser nicht zu nahe kamen, ließ Liliane sie gewähren, paßte aber genau auf, daß sie sich nicht in Gefahr begaben.

Das Mädchen schrak sichtlich zusammen, als sich plötzlich ein Mann neben sie auf die Bank setzte.

„Hallo, Liliane!" Joachim Frohgemut streckte ihr die Hand hin, die sie nur zögernd und tief errötend ergriff. Nun hatte sie bewußt die Schiffsanlegestelle gemieden. Und jetzt kam er und setzte sich einfach neben sie. Kein Wunder, daß ihr das Blut in die Wangen stieg.

Sie war den Tränen nahe gewesen, als der sonst immer so gütige Vater ihr mit Bestimmtheit gesagt hatte, er wünsche nicht, daß sie sich am Steg weiterhin mit diesem jungen „Löli" unterhalte.

„Aber Vati!" hatte Liliane erschrocken zu widersprechen gewagt. „Warum? I gang doch jedde Dag an' See!"

„Du häsch mi verstande!“ war seine kurze Antwort gewesen. „Mr bruche nimmer drüber z'räde.“

Liliane konnte nicht wissen, daß ihre Mutter dem Vater berichtet hatte, daß das dumme Geschwätz des Fremden das Maitli nicht unbeeindruckt gelassen habe. Schon einige Male hatte sie die Tochter in den letzten Tagen vor dem Spiegel getroffen, und mehrmals hatte sie der Mutter berichtet, was der junge Mann ihr gesagt hatte.

Den Namen wußte Liliane nun auch schon! Immer, wenn er sie an der Schiffsanlegestelle getroffen hatte, war sie mit einem neuen Bericht heimgekommen. Anscheinend redete dieser Mensch stets in dummdreisten Schmeicheleien auf das Kind ein. Mußte man da als Mutter nicht besorgt sein? Wenn auch sonst nichts geschehen war, als daß das Maitli sich etwas in den Kopf setzte, dabei eitel und oberflächlich wurde und schließlich sich selbst noch einredete, eine kleine Schönheit zu sein. Das fehlte gerade noch!

Ehrlich besorgt sprach sie darüber mit ihrem Mann.

Daß dieser junge Mensch seine Tochter bildhübsch genannt hatte, tat er mit einer Handbewegung ab. Liebe Zeit, das Maitli war erst acht Jahre alt! Zehn Jahre später würde die Sache schon anders aussehen. Doch daß dieser unreife, hochnäsige Jüngling sein Iseltwald ein elendes Kuhnest nannte, und vor allem, in welcher Art er es anscheinend getan hatte, das ging dem Fischer Stucki gegen seine Ehre. Wie seine Tochter fragte er jetzt seine Frau: „Worum isch er denn do? Was tuet er i dr Schwyz, der dütschi Chaib, wenn es ihm bi üs nit g'fallt?“

Kurzum, das Familienoberhaupt verbot seiner Tochter, in der nächsten Zeit an die Schiffsanlegestelle zu gehen. Als Liliane ihn mit verschleierter Stimme fragte, was denn ihr Freund, der Schiffskapitän, dazu sagen würde, wenn sie nicht mehr am Steg stände und auf ihn warte, versprach der Vater, diesem Bescheid zu sagen. Er erkannte, daß seine Anordnung der Tochter wirklich zu Herzen ging und vertröstete sie, daß es jetzt bald kälter werde und die Fremden in Kürze abreisen würden. Liliane wußte, der Vater würde sich in keine weitere Auseinandersetzung einlassen. Was er bestimmte, das galt.

Und nun saß dieser Joachim Frohgemut tatsächlich neben ihr auf der Bank. Am besten wäre es, sie stand sofort auf und verließ mit ihren Geschwistern den Platz. Aber da begann der junge Mann bereits ein Gespräch.

„Du bist nun drei Tage nicht an der Schiffsanlegestelle gewesen, Liliane. Hast du etwa Streit mit deinem Freund, dem Schiffskapitän?"

„Nein", antwortete das Mädchen und schlug die Augen nieder.

„Warum bist du denn nicht gekommen?"

Liliane geriet sichtlich in Bedrängnis. Sie wollte weder unhöflich noch unwahr sein.

„Ich durfte nicht!" antwortete sie schließlich.

„Du durftest nicht? Ich habe dich immer gesucht."

„Grad drum!"

„Ich verstehe dich nicht!" Weil das Mädchen nun beharrlich schwieg, fragte er: „Das sind wohl deine drei Brüder?"

„Ja, das ist der Ruedi. Wir dürfen nicht zu laut sprechen, sonst wacht er wieder auf. Und das" — sie deutete auf den größeren Jungen — „das ist der Markus, und dieser heißt Lukas."

„Was für komische Namen! Hab' ich in Ostpreußen noch nie gehört. Aber nette Burschen sind sie alle drei."

Einen Augenblick sah Joachim den Spielen der kleinen Jungen zu, dann wandte er sich wieder an Liliane: „Eigentlich hast du es gut, daß du Geschwister hast. Ich bin immer allein gewesen."

Diesmal hatte er Lilianes mitfühlendes Herz angesprochen.

„Sie haben keine Schwester?"

„Nein!"

„Und keinen Bruder?"

„Nein, du hörst doch. Ich bin ganz allein aufgewachsen. An meinen Vater kann ich mich überhaupt nicht erinnern. Der starb, als ich knapp vier Jahre alt war."

„Ach!" Liliane sah ihn mitfühlend an. „Dann waren Sie noch nicht einmal so alt wie Markus."

In diesem Augenblick war es kein Geltungsbedürfnis, das den jungen Frohgemut bewog, diesem kleinen Schweizermädchen aus seinem Leben zu erzählen. Vielleicht hatte das liebliche Bild der vier Geschwister sein Herz wirklich angerührt. Vielleicht war der Gedanke, nun diesen friedlichen, kleinen Ort am Brienzer See endgültig verlassen zu müssen, daran schuld, daß er sentimental wurde. Jedenfalls begann er seiner kleinen Zuhörerin zu erzählen, wie schwer es für seine Mutter gewesen sei, den Mann im Krieg zu verlieren. Wie dann der Großvater das Geschäft wieder übernommen habe und wie er auch bald gestorben sei, ebenso die Großmutter ...

Als Liliane voller Mitleid nichts anderes sagte als: „Sie sind ein Armer!" lachte er plötzlich laut auf, nicht etwa über das Kind, sondern über sich selbst. Was fiel ihm denn ein, hier den Wehleidigen zu spielen? Das entsprach ja gar nicht seinem Charakter. Um den nicht gewollten Eindruck, den er auf das Mädchen gemacht hatte, zu verwischen, sagte er: „Aber nun darf ich endlich wieder nach Hause, nach Königsberg. Morgen fahre ich mit meiner Mutter zurück."

„Morgen schon? Oh, das ist gut!" Liliane vermochte den Fremden nicht zu täuschen.

Joachim Frohgemut starrte sie einen Augenblick verwundert an.

„Wieso ist das gut? Bin ich dir vielleicht lästig geworden?" fragte er dann.

Was das bedeutete, verstand Liliane nun nicht: Lästig geworden? „Dann darf ich wieder an die Schiffsanlegestelle!" erwiderte sie.

Joachim begriff sie wieder nicht.

Ehe er aber eine Frage stellen konnte, stand das Mädchen auf. Ihm war eingefallen, daß der Vater hier und nirgendwo eine Unterhaltung mit dem Fremden gutgeheißen hätte. Es war besser, jetzt zu gehen.

„Ich muß heim!" sagte sie, rief die beiden Brüder zu sich und steuerte den Wagen mit dem schlafenden Ruedi in Richtung Dorf.

„Bleib doch noch ein bißchen!" bat Joachim. „Wer weiß, ob wir uns überhaupt noch einmal wiedersehen. Oder soll ich dir mal eine Ansichtskarte von Königsberg schicken? Eine vom Meeresstrand, damit du siehst, wie gewaltig es dort ist? Natürlich ist darauf nur ein winzig kleiner Ausschnitt des Meeres zu sehen. Da wirst du dann aber merken, welch eine Pfütze euer Brienzer See dagegen ist. Soll ich dir mal schreiben? Ja?"

„Nein!"

Plötzlich fiel Liliane wieder ein, daß er ja keinen Menschen außer seiner Mutter hatte, keine Schwester, keinen Vater, keinen Bruder. Es tat ihr leid, daß sie so abweisend gewesen war. Darum reichte sie ihm die Hand und verabschiedete sich: „Adieu!"

Wenn die Mutter Gäste verabschiedete, sagte sie gewöhnlich: „Chömmet en andersmol wieder!" Aber das wäre in diesem Fall ja nicht ehrlich gewesen. Sicher würde der Vater ihr dann wieder verbieten, zur Ankunft und Abfahrt der Schiffe an den Steg zu gehen. Was würde dann ihr Freund, der Schiffskapitän, sagen?

So wandte sie sich von dem Fremden, ohne ihm ein gutes Wort mit auf den Weg gegeben zu haben.

Am Abend dieses Tages saß sie in der Stube am Tisch. Es wurde schon früh dunkel. Das Licht brannte bereits. Liliane las in ihrem Lesebuch. Die Buben lagen im Bett. Da hob das Mädchen plötzlich den Kopf und sagte: „Gelt, Mueti, das sind armi Chind, die kai Vatr und kaini G'schwischter händ, kai Bruederli und kai Schwöschterli!"

Frau Stucki saß an der Nähmaschine und flickte gerade an einer Bubenhose. Sie hob kaum den Kopf: „Jo, Liliane, das sind armi Chind. Zu dene mues mr ganz b'sunders liab si."

Wer weiß, was für eine rührselige Geschichte Liliane gerade las. Vielleicht dachte sie auch an irgendein bestimmtes Kind in der Schule. Schon rasselte wieder die Nähmaschine.

Acht Jahre später.

Wieder stand Liliane am Schiffsanlegeplatz und wartete. Diesmal war es kein frohes Warten wie in all den früheren Jahren. Das Gesicht des jungen Mädchens war überschattet. Die ganze Familie hatte sie an den Steg begleitet. Der Vater im Sonntagsanzug, die Mutter, die Brüder und das vor drei Jahren noch dazugekommene Vreneli, das die Hand der großen Schwester nicht losließ.

„Lilian, wann chunnsch widder?" Ängstlich blickte die Kleine zu ihr empor. Sie verstand zwar noch nicht, was dieser Abschied bedeutete, aber irgendwie empfand das Kind, daß es anders war als sonst.

„Lang nit!" erwiderte der achtjährige Ruedi anstelle der Schwester. „So wit chasch du no gar nit dänke."

Er tat sehr erhaben.

Die Mutter streichelte der zu ihr ängstlich aufblickenden kleinen Tochter das lockige Haar aus der Stirn. „Du muesch no ne chli warte, Vreneli, bis es Lilianeli wiederchunnt. Waisch, es muß ebbis leere, daß es im Mueti hälfe cha, wenn es widder hai chunnt."

„Widder hai!" nickte die Kleine. Das war ein Trost.

Dann tauchte in der Ferne das Schiff auf und kam immer näher. Jetzt läutete der Schiffskapitän die Glocke. Noch immer war es derselbe wie vor acht Jahren, nur daß Liliane nicht mehr von ihrem Freund sprach, obgleich die Freundschaft sich in dieser Zeit nicht gewandelt hatte. Heute, als Sechzehnjährige, konnte sie den Kapitän nicht mehr wie früher „Freund" nennen.

Die Mutter küßte Liliane auf beide Wangen. In ihren Augen standen Tränen. Begann nicht auch für sie als Mutter ein neuer Lebensabschnitt, nachdem sie ihre älteste Tochter, das erste ihrer Kinder, heute in die Fremde ziehen ließ? Die Brüder reichten Liliane verlegen die Hand. Es brauchte keiner zu sehen, daß es auch ihnen schmerzlich war, sie ziehen zu lassen. Nur Ruedi ließ sich von der Schwester noch einen Kuß geben. Die beiden anderen wandten sich ab.

Kein Wort vermochte Liliane zu sprechen, aber als sie das Schwesterlein noch einmal auf die Arme nahm und ihr Gesicht in den Locken der Kleinen barg, konnte sie es nicht verhindern, daß über ihre Wangen Tränen liefen.

Vreneli streichelte die große Schwester und wiederholte: „Widder hai!"

„Jo, Vreni", bestätigte die Mutter zum Trost noch einmal: „S' Lilianeli chunnt widder hai!"

„Chumm jetzt!" Der Vater hatte den Koffer ergriffen und nickte der Tochter zu. „S' isch Zyt!"

Das Schiff trug Liliane über den See hinüber ans andere Ufer, wo es in Ringgenberg noch einmal anlegte und neue Fahrgäste mitnahm. Die ganze Zeit stand das Mädchen da und blickte hinüber nach Iseltwald. Es winkte immer noch, als die Mutter mit den Geschwistern schon wieder auf dem Nachhauseweg war. Jahrelang hatte sich Liliane auf diese Stunde gefreut, aber wie schwer es war, Abschied zu nehmen, das war ihr bis dahin noch nicht klar gewesen.

Der Vater hatte es sich nicht nehmen lassen, seine Älteste bis Interlaken zu begleiten und dort in den Zug zu setzen. Er machte nicht viele Worte. Liliane wußte, er war kein Freund von Hetze und Lärm. Daß er sich heute von seinem Fischerboot getrennt hatte und im besten Anzug mit ihr in die Stadt gefahren war, bedeutete schon viel. Interlaken, der internationale Fremdenverkehrsort, war ihm zu unruhig. Er vermied es, soweit als möglich, in eine Stadt zu gehen. Während der Fahrt auf dem Schiff hatte er kein einziges Wort gesprochen. Nun wendete es, um von Ringgenberg nach Böningen und von dort nach Interlaken zu fahren.

Iseltwald wurde immer kleiner, und man konnte die Häuser nur noch sehr schlecht erkennen. Jetzt hatte er sich dicht neben seine Tochter gestellt, die ihre Blicke noch immer in Richtung Heimat wandte, obgleich sie dort nichts mehr erkennen konnte. Plötzlich hatte Liliane des Vaters Hand auf ihrer Schulter gefühlt, und obgleich er auch nun kein Wort sprach, hatte sie gewußt, was er ihr sagen wollte. Sie aber hatte sich vorgenommen, tapfer zu sein und ihm, dem es wahrlich auch nicht leichtfiel, seine Tochter gerade jetzt in die Fremde zu geben, das Herz nicht noch schwerer zu machen.

Der Zug war soeben eingefahren. Der Vater stand auf dem Bahnsteig vor dem Abteil, in dem Liliane Platz genommen hatte. Er sah davon ab, ihr gute Ratschläge zu erteilen. Man hatte zu Hause alles zur Genüge besprochen, nachdem es abgemachte Sache war, daß Liliane zu einer Familie in die französische Schweiz fuhr, um dort die Sprache zu lernen.

Wenige Minuten vor Abfahrt des Zuges griff der Vater in

die Jackentasche und holte einen Zettel hervor, auf dem er alle Stationen ihrer Reise aufgeschrieben hatte, auch die genaue Ankunft in Lausanne und noch einmal die Adresse der Familie, in der Liliane das nächste Jahr verbringen sollte. Dann entnahm er der anderen Jackentasche ein Päckchen, das fein säuberlich in weißes Seidenpapier gewickelt und mit einem blauen Band umwunden war.

„Vo Jacki, dei'm Kapitän." Der Vater fuhr fort: „Er hät g'sait, i soll dirs gäh', bevor du abfährsch. So, Maitli, und jetzt b'hütet di Gott!"

Unbeweglich stand der Fischer Stucki und schaute dem Zug nach, bis auch der letzte Wagen seinen Blicken entschwunden war.

Liliane, die bis dahin am offenen Fenster gewinkt hatte, setzte sich auf ihren Platz und schloß die Augen. Nur jetzt den Mitreisenden kein Schauspiel geben, nur nichts merken lassen von dem, was ihr fast das Herz brach. Am liebsten hätte sie aufgeschrien wie vorhin das Vreneli: „Widder hai!" Aber sie wußte, sie durfte diesem schmerzlichen Gefühl nicht nachgeben. Sie mußte tapfer sein. — Ein Jahr! Welch unübersehbar lange Zeit! Ein Jahr! Wie schnell war das letzte vergangen! Viel zu schnell! Nur zu gerne hätte sie den Tag der Trennung von den Ihren noch vor sich hergeschoben. Auch das vor ihr liegende Jahr würde vergehen, und dann kam sie wieder heim. Und das kleine, liebe Schwesterlein würde beglückt ausrufen: „Jetzt bisch wieder do, Lilianeli und gäll, du gosch nimmer fort!"

In Thun verließen alle Mitreisenden das Abteil. Sie blieb allein zurück. Nun konnte sie schnell das blaue Band von der Seidenpapierhülle lösen und sehen, was ihr Jacki zum Abschied geschenkt hatte. Sie hielt ein kleines Album in den Händen, dessen Deckel mit grünem Samt überzogen war. Sie öffnete es, dann liefen ihr die Tränen über das Gesicht.

Der gute alte Freund hatte von allen Ortschaften, die am Ufer des Brienzer Sees lagen, bunte Ansichtskarten gekauft und diese der Reihe nach fein säuberlich eingeklebt. Interlaken, Goldswil, Ringgenberg, Niederried, Oberried, Ebligen, Brienz — und hier war die Schiffsanlegestelle, als nächstes kam Iseltwald — ihr geliebtes Iseltwald — und danach Bönigen. Rings um den Brienzer See hatte der gute Jacki sie geführt. Auf jeder Karte war ein Stück vom See zu sehen, auf einigen auch die schneebedeckten Berge hinter den Ortschaften. Und hier kam ihr Heimatdorf. Tatsächlich, da war sogar ihr Häuschen, am Wiesenhang mit den grünen Fensterläden und den üppigen Geranienstöcken. An keinem Haus im ganzen Dorf blühten sie in solcher Pracht.

Während Liliane mit brennenden Augen auf die Karte von Iseltwald starrte, meinte sie den herben Geruch der Geranien vor den Fenstern ihres Häuschens einzuatmen. „Oh, Mueti!" seufzte sie. Wer hilft dir jetzt, die welken Blätter von den Blumenstöcken zu zupfen? Wer gießt sie, wenn ich nicht da bin? Markus behauptet immer, so viele Schulaufgaben machen zu müssen. Er drückt sich davor, dir zu helfen. Und Lukas ist noch so verspielt. Ruedi und Vreneli können dir noch keine Arbeit abnehmen, sie vermehren sie nur. Warte nur, Mueti, wenn das Jahr um ist, dann komme ich wieder, und du sollst an mir eine Hilfe haben wie nie zuvor.

Liliane war zwar von klein auf gewöhnt, der Mutter zur Hand zu gehen, aber während sie hier mit dem Abschiedsschmerz kämpfte und immer wieder mit dem Handrücken über ihre Wangen fuhr, um der strömenden Tränen Herr zu werden, stieg die Liebe zu den Eltern in ihr empor. Sie nahm sich vor, sie nie zu verlassen und ihnen im Alter eine Stütze zu sein. Mit dem Erlernen der englischen Sprache würde es ohnehin nicht so schnell gehen, denn jetzt war Krieg, und

England kämpfte mit Amerika und Frankreich zusammen gegen Deutschland. Wer weiß, was daraus noch werden würde! Ihr sollte es nur recht sein, wenn sie nicht wieder in die Fremde mußte, und außerdem gab es auch in Interlaken eine Sprachschule, wo sie Englisch lernen konnte.

Noch immer hielt das junge Mädchen in einer Hand den Zettel des Vaters, in der anderen das Album des Schiffskapitäns. Beides schien ihr wie ein letzter Gruß aus der Heimat. Der gute Vater! Wie hatte er sich Mühe gegeben, ihr die Strecke deutlich zu machen. Er hatte eine ungelenke Handschrift, denn seine Hand war schwer, geprägt durch die harte Arbeit.

Liliane wußte es zu schätzen, daß er sich die Mühe gemacht hatte, ihr sämtliche Stationen aufzuschreiben, die sie passierte. Ihre Augen folgten seinen Schriftzügen: Interlaken — Spiez — Thun — Münsingen — Bern — Fribourg. Nun folgten die Ortschaften, in denen man bereits Französisch sprach. Liliane hatte das Empfinden, als öffne sich ihr das Tor zu einer fremden Welt. Benahm sie sich nicht lächerlich? Jahr für Jahr reisten Mädchen aus der deutschen in die französische Schweiz, um dort die Sprache zu lernen. Von der Heimatkunde her war sie längst mit diesen Städtenamen vertraut, und nun hätte sie am liebsten wieder geweint, schon jetzt, bevor sie überhaupt an Ort und Stelle war.

„Meinsch nit, daß'd langi Zyt überchunnsch?" (Meinst du nicht, daß du Heimweh bekommst?) hatte Lukas, ihr zweiter Bruder, sie vor einigen Tagen gefragt.

Oh, sie spürte dieses Heimweh schon jetzt wie einen nagenden Wurm. Sie mußte sich schwer zusammenreißen und durfte diesem törichten Gedanken auch nicht im geringsten nachgeben. Keinesfalls durfte sie in Bern aussteigen und mit dem nächsten Zug nach Hause zurückfahren. Einen kurzen Augenblick lang hatte sie sich vorgestellt, was die Eltern und Geschwister sagen würden, wenn sie plötzlich zur Haustüre hereinkommen würde.

„Do bin i widder, i ha's nit usg'halte."

Vreneli würde jauchzen, die Brüder würden sie erstaunt anblicken, die Mutter aber würde wohl nichts anderes sagen, als: „Aber Maitli, was fallt dir i?" Und der Vater würde fragen: „Liliane, häsch min Zättel nimmer? Häsch nit g'läse, was i unde am Schluß g'schriebe ha?"

Oh, sie hatte es wohl gelesen, mehr als einmal: Frage nicht in erster Linie nach dem, was du möchtest, sondern nach dem, was deine Pflicht ist. Und: Sorge immer dafür, daß du einen offenen Himmel über dir hast.

Das erste verstand Liliane gut, und darum wäre es eine Torheit gewesen, auszusteigen und mit dem nächsten Zug zurück nach Interlaken und mit dem Schiff nach Iseltwald zu fahren. Was hätte Jacki für Augen gemacht! Das von dem offenen Himmel über sich begriff sie nicht ganz. Sie dachte noch darüber nach, als der Zug in Bern einfuhr.

Ein einziges Mal erst war sie mit der Schulklasse hier gewesen. Der Lehrer hatte mit den Schülern kurz vor der Schulentlassung die Landesausstellung in der Hauptstadt besucht und war mit ihnen sogar im Bundeshaus gewesen. Atemlos vor Ehrfurcht und Staunen hatten die Buben und Mädchen den Vorgängen zugesehen und gelauscht. Hinterher hatten sie gelacht und gejauchzt, als sie am Bärengraben standen und den Künsten der drolligen, tollpatschigen Tiere zusahen. Natürlich hatte sie den Geschwistern das Wappentier der Stadt Bern aus Schokolade mitgebracht. Damals war Liliane noch völlig unbeschwert gewesen. Heute schien jedes Lachen von ihr weit entfernt zu sein.

Plötzlich, zur Verwunderung der Mitreisenden, stieß sie einen Schrei aus, ließ das Fenster, an dem sie saß, herunter und rief: „Frau Madeury, Frau Madeury!"

Die Dame, die soeben in einen Wagen erster Klasse einsteigen wollte, wandte sich erstaunt um und sah die heftig winkende Mädchenhand. Einen Augenblick schien sie nicht zu wissen, mit wem sie es zu tun hatte, dann aber lächelte sie. Sie hatte Liliane erkannt.

Frau Madeury winkte zurück und stieg in den Zug.

Liliane schloß errötend das Fenster. Sie schalt sich selbst. Was fiel ihr ein, der fremden Dame, mit der sie bisher nur wenige Worte gewechselt hatte, zuzuwinken und nachzurufen, als sei sie eine alte Bekannte! Aber irgendwie war dieses Wiedersehen wie ein Gruß aus der Heimat. Noch immer besaß Fau Madeury ihr schönes Chalet oben am Waldrand und verbrachte manche Wochen in Iseltwald.

Mit Lilianes Mutter hatte die Dame immer einige Worte gewechselt, sei es im Dorf, beim Einkauf oder auf der Post. Auch Liliane war ein paarmal von ihr angesprochen worden, aber nie hatte sie ihr Chalet betreten, und ebensowenig war Frau Madeury im Haus ihrer Eltern gewesen. Und nun tat Liliane derartig vertraut mit ihr! Es war ihr geradezu peinlich. Richtig dumm hatte sie sich benommen. Wähend das Mädchen sich noch über ihr unüberlegtes Handeln Gedanken machte und sich vor sich selbst schämte, hatte sich der Zug in Bewegung gesetzt.

Im nächsten Augenblick stand Frau Madeury vor Liliane. In korrektem Deutsch sagte sie: „Also bist du es doch, Liliane! Ich war mir vorhin nicht ganz im klaren darüber."

In aller Selbstverständlichkeit setzte sich die Dame auf den freien Platz neben Liliane.

Das Mädchen errötete schon wieder. Dann riß es sich zusammen und sagte: „Entschuldigen Sie, daß ich vorhin —" Sie wußte nicht recht, wie sie sich ausdrücken sollte.

„Was soll ich entschuldigen?" Frau Madeury blickte sie freundlich an.

„Daß ich — daß ich —"

„Daß du mich gerufen und mir zugewinkt hast?"

Liliane nickte, dann stotterte sie: „Mir war, als ob Sie ein Stück von Iseltwald seien." Wie dumm, jetzt traten ihr schon wieder die Tränen in die Augen.

„Das bin ich doch auch!" erwiderte Frau Madeury. „Du glaubst gar nicht, wie gerne ich immer wieder nach Iseltwald komme. Aber nun sage mir, wohin du fährst?"

„Ins Welschland, nach Lausanne. Ich muß ein ganzes Jahr dortbleiben." Das letzte kam schon beinahe schluchzend.

Frau Madeury merkte sofort, daß dieses heimwehkranke Kind am liebsten gleich wieder umgekehrt wäre. Der Schaffner lief durch die Wagen des Zuges und kontrollierte die Fahrkarten. Als Frau Madeury ihm ihre gereicht hatte, sagte er: „Meine Dame, Sie sind in einem falschen Abteil. Ihre Karte ist für die erste Klasse ausgestellt."

„Ich weiß", erwiderte Frau Madeury. „Ich gehe nachher auch in den anderen Wagen. Ich habe hier nur eine Bekannte getroffen, mit der ich noch ein wenig plaudern möchte — oder weißt du was", sie wandte sich direkt an Liliane: „Du kommst am besten in mein Abteil. Ich lade dich ein, mit mir erster Klasse zu fahren. Dort können wir ungestört miteinander plaudern. Ich kann doch für das junge Mädchen nachlösen, Herr Schaffner?"

„Selbstverständlich, Madame! Darf ich Ihnen beim Herübertragen des Gepäcks behilflich sein?" Und schon hatte er Lilianes schweren Koffer ergriffen.

Frau Madeury bemerkte, daß Liliane zögerte. Freundlich nickte sie ihr zu. „Komm nur mit, mein Kind!"

„Ich möchte nicht, daß Sie meinetwegen Ausgaben haben. Ich weiß nicht, was meine Eltern dazu sagen würden!"

„Komm nur, mach dir deswegen keine Sorgen. Ich erkläre es deiner Mutter schon."

„Fahren Sie bald wieder nach Iseltwald?“ fragte Liliane.

„Nicht so rasch“, erwiderte Frau Madeury. „Ich fahre jetzt für ein Vierteljahr nach Lausanne. Dort wohnt meine verheiratete Tochter. Ihr Mann ist Arzt. Sie hat drei Kinder.“

„Auch nach Lausanne?“ rief Liliane. „O wie schön, da –“, sie verstummte und legte erschrocken die Hand auf den Mund. Jetzt war sie bereits wieder im Begriff, denselben Fehler wie vorhin zu machen! Wer gab ihr das Recht, so vertraut zu sein!

Frau Madeury schien ihre Gedanken gelesen zu haben. „Sprich nur weiter, Liliane. Wolltest du sagen, daß wir uns in Lausanne vielleicht einmal treffen könnten?“

Das junge Mädchen senkte die Augen. „Verzeihen Sie! – Ich – ich –“

Nun legte die freundliche Dame in mütterlicher Weise den Arm um Lilianes Schultern. „Bewahre dir nur deine Natürlichkeit. Warum sollte es kein beruhigender Gedanke sein zu wissen, daß in der großen fremden Stadt, in die du nun fährst, irgendein bekannter Mensch ist, den du einmal aufsuchen kannst. Glaube mir, ich kenne das Heimweh. Als ich mit neunzehn Jahren meinem Mann in ein fremdes Land zu lauter fremden Menschen folgte, da habe ich in den ersten Monaten entsetzlich unter Heimweh gelitten. Mein Mann tat alles, um mir darüber hinwegzuhelfen, und es ging mir unerhört gut, in jeder Beziehung. Erst als meine Tochter geboren wurde, fing ich an, hier heimisch zu werden.“

„Ja“, erwiderte Liliane und blickte Frau Madeury dankbar an. Wie froh war sie, daß diese gütige Dame ihre innere Verfassung begriff, auch wenn sie kein Wort darüber gesprochen hatte.

„Selbstverständlich darfst du mich in Lausanne besuchen, wenn du einen freien Tag hast“, fuhr Frau Madeury fort. „Ich schreibe dir hier die Telefonnummer meiner Tochter auf.

Ihr Mann heißt Dr. Noisette. Wenn du also wieder ein paar deutsche Worte hören oder sprechen willst, dann rufe getrost an. Ich nehme an, daß in dem Haus, wo du sein wirst, nur Französisch gesprochen wird."

Liliane nickte.

„Aber gewiß hast du in der Schule schon Französisch gehabt."

„Ja, bereits in der Sekundarschule vier Jahre. Aber das Schulfranzösisch soll ganz anders sein."

„Hab keine Angst! Das lernt man alles. Erzähle mir ein wenig von der Familie, in der du das nächste Jahr zubringen wirst."

„Ich kenne sie noch nicht. Madame Perron hat uns sehr freundlich geschrieben. Ihr Mann hat ein großes Lebensmittelgeschäft, in dem sie oft helfen muß. Ich soll mich dann hauptsächlich um die Kinder kümmern. Sie hat auch drei Buben wie wir daheim."

Auf diese Weise brachte Frau Madeury Liliane soweit, nicht mehr nur an zu Hause und an die Trennung zu denken. Das schien ihr wichtig. Das junge Mädchen mußte jetzt vorwärts sehen und durfte nicht am Vergangenen festhalten.

In Iseltwald hatten sie alle nicht nur am Tag der Abreise, sondern auch sonst immer an Liliane gedacht und von ihr gesprochen. Die Mutter empfand genau, wie es ihrer Tochter zumute war. Der Vater schickte ebenfalls während der Arbeit seine Gedanken öfter zu seiner Ältesten. Er wußte, wie Liliane die Trennung schwergefallen war.

Schon am nächsten Tag kamen die Brüder aus der Schule: „Hät's Liliane no nit g'schriebe?"

Die Mutter erklärte ihnen, daß es noch gar nicht sein könne, selbst wenn sie Zeit gefunden hätte, noch am gleichen Abend zu schreiben. Sie sei gewiß von all den neuen Eindrücken viel zu müde gewesen. Vom nächsten Tag an aber wartete selbst Frau Stucki jeden Morgen auf den Postboten. Jedoch, es dauerte bis zum Ende der Woche, als endlich eine Nachricht von Liliane kam. Sie schrieb:

Lausanne, 3. April 1941

Liebe Mueti, Lieber Vati, liebe Buben und allerliebstes Vreneli!

Ihr wartet bestimmt schon lange auf einen Brief von mir. Vielen Dank, daß Du, Vati, mir wenigstens schon eine Karte geschickt hast. Die lese ich jeden Tag ein paarmal und — bitte lacht mich jetzt nicht aus — ich nehme sie sogar am Abend mit in mein Bett und lege sie unter mein Kopfkissen. Wenn ich nachts nicht schlafen kann, weil ich immer an Euch denken muß, schaue ich sie an. Ich bin schon mit der Karte in der Hand aufgewacht.

Aber nun muß ich Euch etwas erzählen. Daß mir das Herz beim Abschied sehr schwer war, habt Ihr wohl gemerkt, und das blieb so auf der ganzen Reise. Ich zähle die Tage, bis ich wieder heim kommen kann. Jetzt sind es noch 359. Aber Ihr dürft nicht glauben, daß ich todunglücklich bin. Das nicht. Auf der Reise, mitten in meinem Kummer, habe ich eine große Freude erlebt. Denkt nur, in Bern stieg in den gleichen Zug, in dem ich saß, Frau Madeury. Du weißt doch, Mueti, die freundliche deutsche Frau, die oben am Waldrand das schöne Chalet hat. Vati kennt sie auch, und Euch Buben hat sie schon des öfteren Schokolade oder sonst was geschenkt, wenn sie Euch traf.

Also, ich sah sie vom Fenster des Abteils aus, und

ich glaube, ich habe mich ganz blöd benommen. Ich schrie nämlich laut über den Bahnsteig: „Frau Madeury, Frau Madeury!“ und winkte ihr zu. Nachher habe ich mich furchtbar geschämt, denn so etwas tut man doch nicht. Aber ich freute mich so, weil ich jemand aus Iseltwald traf. Am liebsten wäre ich ihr um den Hals gefallen. Stellt Euch vor, sie lief dann durch den Zug, bis sie mich gefunden hatte, holte mich zu sich in die erste Klasse und zahlte, was das mehr kostete, obwohl ich es nicht wollte. Mir war es so peinlich, daß ich mich so vergessen habe. Sie aber verstand alles sehr gut. Sie hat nämlich auch mal schrecklich Heimweh gehabt, als sie von Deutschland aus in die Schweiz kam. Dabei hatte sie doch ihren Mann. Aber ich war ganz allein. Drum hat sie alles so gut begriffen.

Denkt nur, Frau Madeury bleibt ein Vierteljahr in Lausanne! Ihre Tochter ist hier nämlich mit einem Arzt verheiratet. Wenn ich frei habe, darf ich sie besuchen. Sie ist gestern bereits im Laden gewesen, um etwas einzukaufen, obgleich sie sicher in ihrer Nähe auch Geschäfte hat; aber sie wollte sich nach mir erkundigen. Frau Perron, die beim Bedienen half, hat mich dann gleich gerufen und hätte es sogar erlaubt, daß ich ein oder zwei Stunden mit Frau Madeury ginge, doch diese sagte, daß sie bald einmal wiederkäme. Jetzt solle ich mich zuerst an meinem neuen Platz einleben. Sie merkte, daß ich ein wenig enttäuscht war und sagte freundlich zu mir: „Es ist besser, du gehst heute noch nicht mit mir. Du mußt dich erst ein wenig an die neue Familie gewöhnen. Ich glaube, es sind sehr nette Leute, zu denen du gekommen bist. Nächste Woche besuche ich dich wieder. Inzwischen rufe ich dich einmal an.“

Nach diesen Worten war ich schon nicht mehr ganz

so traurig. Aber nun muß ich das Licht in meinem Zimmer ausschalten und schlafen. Ich bin todmüde. Morgen abend schreibe ich weiter.

Frau Stucki wischte sich verstohlen mit der Schürze über die Augen.

Dann las sie weiter, was Liliane am anderen Abend geschrieben hatte. Alle hörten neugierig zu:

4. April 1941

Liebe Eltern und Geschwister!

Das wird aber ein langer Brief. Es ist ja auch das erste Mal, daß ich in der Fremde bin.

Nun muß ich Euch von Perrons erzählen. Das sind wirklich nette Leute. Herr Perron holte mich am Bahnhof mit seinem Auto ab. Denkt nur, Frau Madeury blieb bei mir, bis Herr Perron da war. Dann fuhr sie mit einem Taxi zu ihrer Tochter.

Herr Perron spricht nur gebrochen Deutsch. Er sagt, er muß sich wenigstens einigermaßen mit seinen deutschen Kunden verständigen können. So hat er gleich in Französisch auf mich eingeredet. Ich habe kein Wort verstanden. Ich wußte ja, daß es ganz anders sein würde als in der Schule. Aber noch viel schlimmer war es, als ich zu Perrons heimkam. Die drei Kinder, besonders die beiden größeren, stürmten gleich auf mich ein und überhäuften mich mit Fragen und Erklärungen, von denen ich nur einzelne Worte, aber niemals den Zusammenhang verstand. Das schien sie gar nicht zu stören. Ich hatte noch nicht abgelegt, da zerrten sie mich schon in das Kinderzimmer. Dort mußte ich ihre Spielsachen bewundern. Daß ich nur „Ah!" und „Oh!" ausrief, genügte ihnen anscheinend. Nach wenigen

Augenblicken lagen Teddybären und andere Stofftiere, Bauklötze, Autos und Eisenbahnwagen in wildem Durcheinander auf dem Boden, und ich saß mit den beiden Buben dazwischen. Noch immer redeten sie beide gleichzeitig auf mich ein. Ihre Mutter hatte ich überhaupt noch nicht gesehen. Nach einiger Zeit kam eine ältere, freundliche Frau, die Großmutter der Buben, ins Kinderzimmer. Sie trug auf ihrem Arm den jüngsten Perronbuben. Sie streckte mir freundlich die Hand entgegen, um mich zu begrüßen. Ich stand verlegen auf und wollte ihr erklären, daß die beiden Buben (der älteste ist acht Jahre alt und der zweite sechs) mich sofort hier hereingezerrt hätten, aber ich fand bei aller Anstrengung einfach nicht so viele französische Worte, um es ihr zu erklären. Sie lachte nur und deutete auf das jüngste Kind auf ihrem Arm.

Eine ganze Weile habe ich es anschauen müssen. Was war nur mit dem Kleinen? Er ist drei Jahre alt, kann aber noch nicht allein gehen, auch nicht sprechen, lächelte mich aber immer an, so daß ich ihm einfach meine Arme entgegenstrecken mußte. Er ließ sich auch ohne weiteres von mir nehmen und schmiegte sein Köpfchen an mich. In diesem Augenblick empfand ich, daß ich seinetwegen mein Heimweh vielleicht überwinden kann.

Dann kam Frau Perron herauf. Sie war in ihrer Jugend ein Jahr lang in der deutschen Schweiz gewesen. So begrüßte sie mich auf Deutsch, sagte aber gleich, daß dies nur eine Ausnahme sei, denn ich wäre hier, um Französisch zu lernen. Sie schalt ein wenig mit den beiden größeren Jungen, daß sie gleich über mich hergefallen seien. Die aber lachten nur und taten ganz vertraut mit mir.

Als Frau Perron sah, wie der kleine Pierre sein Köpfchen an meine Wange lehnte, traten ihr die Tränen in die Augen. „Ich wundere mich", sagte sie, „daß er gleich so zutraulich ist. Er braucht oft lange, bis er zu einem Fremden geht. Er spürt, daß du Kinder liebhast."

„Ich habe drei Brüder, allerdings sind sie schon größer", sagte ich. „Mein kleines Schwesterlein ist drei Jahre alt."

„Genauso alt ist Pierre", sagte sie, „aber gewiß läuft deine Schwester schon lange und spricht auch bereits alles. Pierre ist ein Mongoloide."

Ich wußte nicht, was ich darunter verstehen sollte und schaute sie fragend an. Sie erklärte mir, daß Mongolismus eine Form der Idiotie sei und daß es fraglich wäre, ob der Kleine je eine Schule besuchen könne. Pierre sei ein besonders liebebedürftiges Kind, und es beruhige sie sehr, daß er vom ersten Augenblick an mir solch ein Zutrauen entgegengebracht habe.

Dann befahl Frau Perron den beiden größeren Buben, sofort das Spielzeug wieder aufzuräumen. Sie zeigte mir mein Zimmer und sagte, daß ich mich frisch machen und umziehen solle. In einer Stunde würde das Abendbrot gegessen werden. Der kleine Pierre wollte aber unter keinen Umständen von meinem Arm herunter. So half ich Frau Perron gleich, ihn zu waschen und für die Nacht fertig zu machen, noch bevor ich meine Koffer auspackte.

Das war mein Anfang hier in Lausanne. Inzwischen weiß ich, welche Pflichten ich habe. In der Hauptsache bin ich für die drei Buben da, muß sie vom Morgen bis zum Abend betreuen, ihre Kleider in Ordnung halten, mit ihnen spazierengehen und spielen. Dabei bleibt mir gar nichts anderes übrig, als mich mit meinem Schulfranzösisch verständlich zu machen. Der Große, ein sehr aufgeweckter Junge, korrigiert mich manchmal, und oft lachen wir alle, weil wir uns gegenseitig mit allen möglichen Mitteln verständigen.

Tagsüber habe ich so viel zu tun, daß ich keine Zeit für Heimweh habe, aber wenn ich dann am Abend in mein Zimmer komme, will es mich immer wieder überfallen. Dann schaue ich mir Eure Bilder an und höre unseren See plätschern. Ich sehe die Lichter vom anderen Ufer, wie sie in der Dunkelheit zu uns nach Iseltwald herüberblinken, und dann denke ich plötzlich daran, daß Vati ganz allein mit dem Fischerboot hinausfährt, noch bevor der Tag erwacht, und alles ist so still um ihn. Oh, Vati, ich muß so viel an das Wort denken, das Du mir aufgeschrieben hast: Sorge immer dafür, daß Du einen offenen Himmel über Dir hast! Ganz verstehe ich es immer noch nicht, aber ich meine, Du wolltest mir damit sagen, daß ich nichts tun soll, was mich von Gott trennt, so daß ich immer ohne Angst zu ihm beten kann. Hast Du es so gemeint, Vater? Wenn ich mir das vorstelle, dann sehe ich Dich immer in Deinem Boot, umgeben von einer großen Stille, den schweigenden Himmel über Dir. Aber die Sterne winken Dir zu, Vater, wie ein Gruß vom lieben Gott.

An dieser Stelle waren Tränen auf das Briefpapier gefallen. Alle, die sich beim Vorlesen über Mutters Schulter gebeugt hatten, sahen die Spuren. Keiner sagte ein Wort, um den anderen das Herz nicht noch schwerer zu machen. Der Vater aber saß im Lehnstuhl am Fenster. Auch wenn er die verwischten Schriftzüge von dort aus nicht sehen konnte, wußte er genau, was seine Tochter beim Schreiben empfunden hatte. Auch er sprach kein Wort. Es machte ihn froh, daß sie über den offenen Himmel nachdachte. Das würde ihr auch helfen, das Heimweh zu überwinden.

Als die Mutter nun noch den Schluß mit den Grüßen Lilianes vorgelesen hatte, war es nur das Schwesterlein Vreneli, das sich zu dem Gehörten äußerte: „Lilianeli bald heimcho!"

Ja, das wünschten sie alle; denn jeder von ihnen vermißte sie auf seine Art — aber auch jedem war es klar, daß sie durchhalten mußte.

Daß Frau Madeury im ersten Vierteljahr der Zeit, die Liliane in Lausanne zubringen mußte, ebenfalls dort war, begrüßten ihre Eltern sehr. Beide nahmen sich vor, sich in irgendeiner Weise dieser freundlichen Dame gegenüber erkenntlich zu zeigen, wenn sie wieder nach Iseltwald kommen würde. Der Vater wollte ihr durch einen Buben einen frisch gefangenen Seefisch schicken. Mutter wollte dafür sorgen, daß vor Frau Madeurys Holzveranda ebenso schöne Geranien blühen sollten wie vor ihren eigenen Fenstern.

In diesem ersten Vierteljahr verbrachte Liliane wohl jeden freien Nachmittag bei Frau Madeury, zu der sie bald ein inniges Verhältnis bekam. Als deren Tochter, die junge Arztfrau, dem Iseltwalder Mädchen anbot, auch noch nach der Heimreise ihrer Mutter ihre Freizeit in ihrer Familie zu verbringen, kam sich Liliane reich beschenkt vor.

Alleine hätte sie nie gewagt, die Sehenswürdigkeiten der großen Stadt anzuschauen. Sie war so scheu und so zurückhaltend, daher genoß sie es sehr, daß Frau Noisette ihr alles Sehenswerte von Lausanne zeigte. Es waren alte Kirchen, das Rathaus, das Museum, die Parkanlagen und manches andere. Dem jungen Mädchen erschloß sich in diesem ersten Vierteljahr so viel Neues und Ungeahntes, daß jeder Brief, den sie nach Hause schrieb, eine begeisterte Schilderung enthielt.

„Denkt nur“, schrieb sie eines Tages, „Frau Madeury war mit mir in Genf. Welche wundervolle Stadt das ist! Wir haben auch eine herrliche Seefahrt gemacht. Aber ihr dürft es mir glauben, trotzdem ist mir unser kleiner, bescheidener Brienzer See noch der liebste. Es ist eben unser See ...“

Ein anderes Mal berichtete sie von einer Fahrt, die sie mit der ganzen Familie Perron im Auto nach Montreux gemacht hatte. In Montreux hatten Perrons eine frühere Hausgehilfin besucht, deren Mann in dem dortigen Kasino im Spielsaal Croupier war.

„Stellt Euch vor“, schrieb Liliane, „wir durften diesen Saal besichtigen und die großen Tische sehen, wo die reichen Leute um Geld spielen. Ich habe gehört, daß viele an einem Abend Tausende von Franken gewinnen, aber oft auch ebensoviel oder noch mehr verlieren.

Wir sahen eine Anzahl elegant gekleideter Herren und Damen, manche machten aber gar keinen glücklichen Eindruck, obgleich sie sich mit einer Menge Schmuck behängt hatten. Manche sahen schon irgendwie alt aus. Ich glaube, das sind Menschen, die noch nie in ihrem Leben richtig gearbeitet haben. Wahrscheinlich sind sie auch aus diesem Grunde nicht froh ...“

Als Frau Madeury wieder nach Iseltwald zurückkehrte, ging sie als erstes bei Lilianes Eltern vorbei. Sie wählte einen Sonntagnachmittag und hatte recht in der Annahme, daß sie auch Herrn Stucki daheim antreffen würde.

Von der ganzen Familie umringt, berichtete Frau Madeury. Es war unverkennbar, wie glücklich Lilianes Eltern darüber waren, so viel Gutes von ihrer Tochter zu hören.

„Sie ist an ihrem Arbeitsplatz sehr beliebt“, erzählte Frau Madeury. „Herr und Frau Perron schätzen ihre Zuverlässigkeit und ihren Fleiß und vertrauen ihr während ihrer Abwesenheit das ganze Haus an. Die drei Kinder hängen sehr an ihr, vor allem das Kleinste. Liliane wird Ihnen ja mitgeteilt haben, daß das Kind mongoloid ist. Es besteht kaum Hoffnung, daß es einmal eine Schule — jedenfalls eine normale Schule — besuchen kann. Schließlich, wenn die Eltern nicht mehr da sind, wird er in einer Anstalt untergebracht werden müssen. Es ist rührend, wie der Kleine an Liliane hängt und wie ihm ihre ganze Liebe gehört. Frau Perron hat mir gesagt, sie würde Liliane am liebsten einige Jahre bei sich behalten. Keine Volontärin, die bisher in ihrem Hause war, um die Sprache zu lernen, habe so großes Verständnis für die Kinder gehabt. Vor allem aber habe keine so gut mit dem Kleinen umzugehen verstanden."

Die Eltern und Geschwister wechselten besorgte Blicke. Liliane würde doch nicht etwa daran denken, länger als ein Jahr in der Fremde zu bleiben? Frau Madeury konnte ihre Gedanken an ihren Gesichtern ablesen.

„Sie brauchen keine Sorge zu haben", fuhr sie beruhigend fort. „Liliane denkt nicht daran, dortzubleiben. Sie hat zwar das heftige Heimweh, unter dem sie anfangs litt, überwunden, aber sie hängt viel zu sehr an Ihnen allen, als daß sie auch nur eine Stunde länger als nötig in Lausanne bleiben würde. Sie ist so mit Iseltwald verwachsen, daß sie sich nicht vorstellen könnte, einmal irgendwo anders zu leben. Ich könnte mir allerdings vorstellen, daß Liliane in späteren Jahren daran denkt, einen Beruf zu ergreifen, in dem sie Schwachen und Kranken, besonders hilfsbedürftigen Kindern, helfen und dienen kann."

„Das wird sich zeigen, wenn die Mutter sie nicht mehr benötigt", schaltete sich Herr Stucki ein. „In den nächsten Jahren brauchen wir sie dringend beim Bedienen unserer Feriengäste, beim Zimmerrichten und natürlich auch sonst im Haushalt."

„Den Gedanken, sie noch ein Jahr nach England zu schikken, haben Sie vorerst wohl ganz aufgegeben?" fragte Frau Madeury.

„Während des Krieges kann keine Rede davon sein, obgleich Schweizerinnen, soviel ich weiß, eine Einreiseerlaubnis nach England bekommen würden", erwiderte Herr Stucki. „Aber wer schickt sein Kind schon in ein Land, das von Bombenangriffen bedroht ist."

„Liliane kann auch hier eine Sprachschule besuchen", sagte Frau Stucki. „Die Zeiten sind so unsicher, wir möchten unsere Kinder lieber beisammen haben."

„Übrigens spricht Ihre Tochter schon recht ordentlich Französisch", berichtete Frau Madeury weiter. „Sie scheint eine Begabung für Sprachen zu haben. Es fällt mir immer wieder auf, welch gutes, klares Schriftdeutsch sie spricht."

„Das benötigt sie beim Umgang mit Fremden", erwiderte Lilianes Mutter.

„Ihnen aber, Frau Madeury", fuhr Herr Stucki fort, „müssen wir besonders danken. Sie haben sich unserer Tochter so liebevoll angenommen, daß sie ihr Heimweh überwinden konnte."

„Sie brauchen mir nicht zu danken", erwiderte Frau Madeury. „Es war mir eine Freude, mich um Liliane zu kümmern. Sie macht Ihrer Erziehung Ehre."

Sie stand auf, um sich zu verabschieden. „Ich würde mich freuen, wenn Sie mich bald einmal besuchen würden. Wenn Liliane wieder daheim ist, muß sie recht oft zu mir kommen."

Und dann kam ein schrecklicher und unvergeßlicher Tag. Liliane mußte ihre Koffer packen und nach Iseltwald zurückfahren, obgleich ihr Jahr in der französischen Schweiz noch nicht beendet war. Am Vormittag hatte Frau Perron Liliane zu einem Ferngespräch gerufen.

„Ich soll ans Telefon kommen?"

Sie hatte nicht Geburtstag, auch bestand sonst kein besonderer Anlaß, der die Eltern dazu bewegen konnte, anzurufen, wie sie es schon ein- oder zweimal getan hatten. Es war doch hoffentlich nichts passiert!

„Wer will mich denn sprechen?" fragte sie.

Kam es ihr nur so vor, oder sah Frau Perron sie tatsächlich mitleidig an.

„Frau Madeury."

Liliane kam die Sache immer geheimnisvoller vor. Dann meldete sie sich.

„Frau Madeury? Hier ist Liliane."

„Guten Morgen, meine Liebe. Du wunderst dich sicher, daß ich anrufe. Es fällt mir nicht leicht, dir den Grund meines Anrufes zu sagen —"

Das Herz des jungen Mädchens begann wie rasend zu klopfen. Also mußte doch etwas passiert sein! Sie vermochte aber keinen Ton zu sagen.

Frau Madeury fuhr fort: „Liliane, du mußt jetzt ganz tapfer sein, hörst du? Schon um deiner Mutter willen, die dich jetzt dringend braucht."

Also ging es um den Vater oder um eines der Geschwister. Liliane war es, als käme eine dunkle Wolke auf sie zu. Sie vermochte kaum noch zu atmen.

„Dein Vater ist — man hat ihn in seinem Fischerboot gefunden. — Er ist — tot."

Da drang ein gellender Schrei durchs Haus, so daß Frau Perron, die die Trauerbotschaft bereits erfahren hatte, voller Besorgnis hinzueilte.

„Nein!" schrie Liliane, und noch einmal: „Nein — nein!"

Frau Perron war mit ein paar Schritten bei dem jungen Mädchen, umschlang es mit ihren Armen, nahm den Hörer Liliane weg, die in fassungsloses Weinen ausgebrochen war, und sagte: „Bitte, Frau Madeury, können Sie in zehn Minuten oder in einer halben Stunde noch einmal anrufen, um Näheres zu besprechen? Sie ist einem Zusammenbruch nahe, ich muß mich jetzt erst einmal ihrer annehmen."

„Vielen Dank für Ihre Fürsorge", erwiderte Frau Madeury. „Liliane wird Sie im Augenblick nötig brauchen. Ich rufe später noch einmal an."

Am selben Nachmittag saß ein bleiches, junges Mädchen in ihrem schwarzen Konfirmandenkleid, aus dem es beinahe schon herausgewachsen war, im Zug von Lausanne nach Bern. Als Liliane vor elf Monaten von Iseltwald in die französische Schweiz gefahren war, hatte sie fast auf der ganzen Fahrt Abschiedstränen vergossen. Jetzt wünschte Liliane, weinen zu können, aber es schien, als sei der Tränenstrom versiegt, nachdem sie sich heute Vormittag vor Weinen kaum hatte fassen können. — Nein, so hatte sie sich die Heimreise nicht vorgestellt!

In Bern mußte Liliane wieder umsteigen. Sie hatte fast eine halbe Stunde Aufenthalt, war aber nicht fähig, einen anderen Gedanken zu fassen als nur den einen: Vater ist tot! Sie konnte sich unmöglich vorstellen, wie alles weitergehen sollte. War es nicht, wie wenn ein Baum gefällt worden wäre, unter dessen Zweigen und Ästen sie alle Schutz gefunden hatten? Nun lebte der Vater nicht mehr. — Was hatte Frau Madeury gesagt? Du mußt tapfer sein, Liliane, um der Mutter willen, die dich jetzt nötig braucht ...

Als das junge Mädchen so in ihren Gedanken versunken war, legte sich plötzlich eine Hand auf ihre Schulter. Liliane schrak zusammen und wandte sich um. Da stand sie, an die sie soeben gedacht hatte: Frau Madeury. Ohne ein Wort sagen zu können, starrte Liliane sie an. Wie kam die Dame ausgerechnet jetzt hierher?

„Unser Zug fährt ein", sagte Frau Madeury, die außer

ihrer Handtasche kein Gepäck bei sich hatte. Sie griff, ohne Lilianes Protest zu beachten, nach deren Koffer, nahm mit der anderen Hand das Mädchen beim Arm und steuerte auf ein Abteil erster Klasse zu.

Den Protest Lilianes, daß sie ja nur zweiter Klasse gelöst habe, schnitt sie mit den Worten ab: „Ich habe den Zuschlag bereits bezahlt." Nachdem sie Platz genommen hatten, öffneten sich die Schleusen. Liliane lehnte den Kopf in die Fensterecke und weinte bitterlich. Frau Madeury ließ sie gewähren. Sie wußte, daß es befreiende Tränen waren. Sie umfaßte Lilianes Hand und wartete ab.

Schließlich fragte Liliane: „Sind Sie augenblicklich in Ihrem Berner Haus? Ich meinte, Sie hätten heute morgen von Iseltwald angerufen."

„Das habe ich auch", erwiderte Frau Madeury. „Aber nachdem ich dir deinen Zug für die Heimreise angegeben hatte, konnte ich ausrechnen, wann du in Bern sein würdest. So fuhr ich dir entgegen. Es reichte gerade zum Umsteigen. Ich dachte, du wärest sicher froh, wenn wir die letzte Strecke miteinander fahren und das Wichtigste besprechen können."

„Oh, Frau Madeury! Wie gut Sie sind!"

„Du wirst verstehen, daß die unverhoffte Nachricht deine Mutter zutiefst getroffen hat. Wenn sie mit allem gerechnet hätte, nur mit diesem nicht."

„Aber wie ist es denn passiert? Wie konnte so etwas geschehen?"

„Deine Mutter war schon irgendwie in Unruhe, weil dein Vater sonst am Morgen gewöhnlich zu bestimmter Zeit heimkehrt. Als es gegen Mittag ging und er noch immer nicht zu Hause war, nahm sie die Kleine und ging mit ihr zum See, an die Stelle, wo dein Vater immer sein Boot festmachte. Weder das Boot noch der Vater waren zu sehen. Zu dieser Zeit kam das Schiff von Interlaken herüber. Irgendwie trieb es deine Mutter, zum Steg zu gehen. Sie kam gerade dorthin, als das Schiff anlegte. Der Kapitän mußte sie gesehen haben, denn er kam eilend zu ihr. ‚Ist dein Mann zu Hause?' fragte er.

Sie sagte ihm, daß sie beunruhigt wäre, weil er sonst um diese Zeit längst vom Fischfang zurückgekehrt sei. Daraufhin wäre der Freund deines Vaters sichtlich erschrocken und habe nichts anderes gesagt als: ‚Dann ist er es also doch!'

Deine Mutter fragte voller Besorgnis: ‚Was meinst du damit, Jacki? Weißt du etwas von Henry?'

Er wollte zuerst nicht recht mit der Sprache heraus, aber sie ließ nicht locker, bis er ihr gestand, daß er vom Schiff aus ein Fischerboot auf dem See treiben gesehen hätte. Es sei ihm gleich merkwürdig vorgekommen. Durch das Fernglas habe er dann gesehen, daß ein Mann, wahrscheinlich ein Fischer, regungslos im Boot gelegen habe. Heiß sei es in ihm aufgestiegen: Es wird doch nicht Henry sein! Der Mann habe mit dem Gesicht nach unten im Boot gelegen, so daß er ihn nicht erkennen konnte.

Wie es dann weiterging, wirst du dir denken können. Die anderen Fischer wurden mobilgemacht. Sie fanden das Boot. Es war dein Vater, der friedlich darin lag. Er war tot. Ein herbeigerufener Arzt stellte fest, daß er an einem Herzversagen gestorben war."

„Aber Vater ist doch vorher nie krank gewesen", schluchzte Liliane.

„Im letzten Vierteljahr hat er manchmal über Müdigkeit geklagt. Deine Mutter überredete ihn, einen Arzt aufzusuchen. Nur ihr zu Gefallen tat er es. Der Arzt stellte fest, daß sein Herz nicht in Ordnung sei."

„Warum hat man mir das verheimlicht?"

„Deine Mutter wollte dich nicht beunruhigen. Sie wußte doch, wie sehr gerade du an deinem Vater hängst."

„Ich wäre heimgekommen und hätte mich jedenfalls noch von ihm verabschieden können."

„Liliane, es wird immer so sein, daß wir beim Tode eines geliebten Menschen erschüttert sagen: Hätte ich doch noch dieses oder jenes getan, um ihn zu erfreuen. Immer werden wir erkennen, daß wir manches falsch gemacht oder versäumt haben. Immer werden wir uns darunter beugen müssen. Sieh, deine Mutter hat es nur gut gemeint, als sie dir verschwieg, daß es deinem Vater in letzter Zeit gesundheitlich nicht so gut ging. Sie konnte ja selber nicht ahnen, daß er so rasch und unvorhergesehen von euch gehen würde. Deine Mutter braucht dich jetzt nötiger als je. Und dann, Liliane: Hast du wohl schon daran gedacht, welch kostbares Vermächtnis dein Vater dir hinterlassen hat? Ich nehme an, daß du das Blatt Papier noch hast, auf dem er dir vor einem Jahr die Reiseroute aufgeschrieben hat, an dessen Schluß zwei so wertvolle Aussprüche standen."

Liliane öffnete ihr Handtäschchen und entnahm ihm den Zettel. „Jeden Tag habe ich ihn in der Hand gehabt und gelesen, was Vati mir als letztes aufgeschrieben hat", sagte sie und reichte das Blatt Frau Madeury. Sie las: „Frage nicht in erster Linie nach dem, was du möchtest, sondern nach dem, was deine Pflicht ist. Sorge immer dafür, daß du einen offenen Himmel über dir hast."

Während Frau Madeury dem jungen Mädchen das letzte Vermächtnis ihres Vaters vorlas, liefen neue Tränenströme über Lilianes Gesicht. Einige der Reisenden sahen es und blickten voller Mitgefühl auf das trauernde Mädchen. Frau Madeury aber fuhr fort: „Diese beiden Worte sind für dich wegweisend. Vielleicht wärest du jetzt, nachdem du in Lausanne und bei Familie Perron heimisch geworden warst und besonders an dem kleinen Jungen hingst, gerne noch eine Zeitlang dort geblieben, zumal du darum gebeten wurdest.

Aber du wirst es selbst empfinden: Jetzt geht es nicht um das, was du gerne möchtest, sondern um deine Pflicht."

„Ich weiß, mein Platz ist jetzt beim Mueti", schluchzte das Mädchen. „Ich will ihr eine Stütze sein."

„Recht so, Liliane! Und dann das andere: Sorge immer dafür, daß du einen offenen Himmel über dir hast. Das bedeutet doch, daß du stets auf die Stimme deines Gewissens hörst und es nicht duldest, daß zwischen Gott und dir durch Ungehorsam eine trennende Wand aufgebaut wird."

Wie dankbar war Liliane, daß Frau Madeury ihr entgegengefahren war. So legte sich der aufgebrochene Sturm etwas, bis sie miteinander in Iseltwald eintrafen.

In Interlaken bestiegen sie das Schiff, um über den See nach Hause zu fahren. Stumm stand Jacki, der Kapitän, am Steg. In seinen Augen lag eine tiefe Traurigkeit. Liliane begriff, daß er nicht imstande war, auch nur ein Wort zu sprechen. Als sie sich während der Fahrt an die Reeling lehnte und über das Wasser blickte, hätte sie aufschreien mögen, weil der Vater nun nie mehr mit seinem Fischerboot auf den See hinausfahren würde. Wie oft hatte sie mit den Brüdern am Strand gestanden und auf seine Rückkehr gewartet. Immer hatte er seinen Kindern freudig zugewinkt. Das alles war nun vorbei. — Wie sollte es weitergehen, wenn der Vater keine Fische mehr an die Hotels und Gaststätten verkaufte? Das Geld, das die Mutter durch Vermietung einnahm, würde bei weitem nicht ausreichen, um die ganze Familie zu ernähren.

In diesem Augenblick war es Liliane, als ob die Kindheit mit einem Mal von ihr abgefallen wäre. Sie hatte an der Seite der Mutter zu stehen, mitverantwortlich, mitsorgend und planend.

Die Brüder standen in Iseltwald am Steg, um sie abzuholen. Bleich, ernst und mitgenommen sahen sie aus.

Die beiden großen nahmen stumm die Koffer aus den Händen der Schwester. Ruedi aber schmiegte sich schluchzend an sie: „D'r Vati isch g'schtorbe, Liliane!"

Liebevoll umschlang die große Schwester den Kleinen. „Drum chumm i hai, Ruedi, und jetzt gang i nimmer furt."

Dann stand sie der Mutter gegenüber. Wie erschreckend bleich sie aussah und doch gefaßt und bemüht, der heimkehrenden Tochter das Herz nicht noch schwerer zu machen.

„Mueti", schluchzte Liliane. „I gang nimmer furt von dir. Du chaschst di uf mi verlasse."

Dann führte Frau Stucki Liliane zum Vater, der geradezu glücklich aussehend und von überirdischem Frieden umgeben im Sarg lag, ein Lächeln auf dem Gesicht, als habe er zum Schluß etwas unbeschreiblich Schönes erlebt.

Betroffen und voller Staunen stand die Tochter vor dem Toten. Nein, hier war der haltlose Schmerz fehl am Platz! Frau Madeury, die Liliane bis nach Hause begleitet hatte und nun neben ihr und der Mutter stand, fand das richtige Wort für sie alle, die sich des tiefen Eindruckes nicht erwehren konnten: „Er hat bis zuletzt den offenen Himmel über sich gesehen." Ja, so schien es in der Tat gewesen zu sein!

Die nächsten Stunden und Tage bis zur Beerdigung waren angefüllt mit Arbeit. Das ganze Dorf nahm an dem Geschick der Familie Anteil, und viele Verwandten kamen, um ihr Beileid zu bekunden. Liliane mußte in der Küche am Herd stehen und die Geschwister versorgen, ihre Kleider richten, den Besuchern Kaffee kochen und die Mahlzeiten vorbereiten. Die Mutter wurde anderweitig in Anspruch genommen. Immer wieder mußte sie den erschütternden Vorfall berichten, und immer wieder wurde dadurch die Wunde neu aufgerissen. Aber in gleichbleibender Freundlichkeit widmete sie sich den Leuten, trotz des großen Schmerzes, der sie durchdrang. Wie froh war sie, daß die Tochter sich sofort tatkräftig eingesetzt hatte und genau zu wissen schien, was zu tun war.

So ging auch die Beerdigung vorüber und das Leben weiter. Frau Stucki war klar, daß sie sich jetzt, wo des Vaters Einnahmen fehlten, noch mehr einschränken mußten. Sobald Markus und Lukas aus der Schule waren, mußten sie mitverdienen, damit die Familie durchkam. Wahrscheinlich würde man für Liliane eine Stelle suchen, wenigstens im Winter, in dem nicht mit viel Fremdenverkehr zu rechnen war.

Wie rührte es Frau Stucki innerlich, als sie bei den Sachen ihres Mannes ein Sparbuch fand. Seit einigen Jahren hatte er immer wieder kleinere Beträge zurückgelegt. In einem Brief an seine Frau hatte er geschrieben: „Dies ist für den Fall, daß mir einmal plötzlich etwas zustößt."

Etwas mehr als acht Jahre sind seitdem vergangen.

Es ist Mittsommer. Die Gärten stehen in farbenfroher Blumenfülle. Die Schweiz, die während des Krieges nicht wie in anderen Jahren Ferien- und Erholungsziel vieler Ausländer sein konnte, weil die Grenzen gesperrt waren und Ausländer nur im Ausnahmefall Einreiseerlaubnis bekamen, hat ihre Tore wieder weit geöffnet für Reiselustige verschiedenster Nationalitäten. Der schreckliche Krieg hat ihrer landschaftlichen Schönheit nichts anhaben können, und mehr denn je zieht es Engländer, Amerikaner, Franzosen und Deutsche in dieses Paradies.

Vor dem Chalet Madeury steht eine junge Frau. Dem Alter nach könnte sie verheiratet sein. Es ist die jetzt vierundzwanzigjährige Liliane. Sie ist noch immer ledig, obgleich Andreas Gysi nicht bloß einmal bei ihr war, um sie zu bitten, seine Frau zu werden, und sie mit ihm gewiß eine gute Partie machen würde. Sie tut es nicht und hat ihm auch jetzt, nachdem er wieder bei ihr war, klipp und klar gesagt, daß er sich keine Hoffnung zu machen brauche.

Andreas Gysi ist der einzige Sohn eines hiesigen Hotelbesitzers. Er war schon einmal verheiratet. Seine junge Frau hat ihn und ihre beiden Kinder verlassen und ist mit einem Amerikaner, der einige Wochen im Hotel Gysi wohnte, abgereist, um diesen zu heiraten.

Andreas ist eigentlich schon jetzt der Chef des Hotels, obgleich seine Eltern noch pro forma dem Hause vorstehen. Aber der Vater ist schwer herzleidend, und die Mutter muß sich ganz der Pflege ihres Mannes widmen. So steht der junge Gysi alleine da und muß sich mit fremden Leuten zurechtfinden. Nicht immer ist das Personal zuverlässig. Da er seit einem Vierteljahr geschieden ist, wünscht er, bald wieder zu heiraten. Die Kinder brauchen eine Mutter und der Betrieb eine umsichtige Chefin. Wohin Andreas bisher auch blickte, es gefällt ihm kein Mädchen so sehr wie Liliane Stucki. Sie sind gleich alt und haben miteinander die Schule besucht. Immer haben sie sich gut verstanden. Das Mädchen mit dem klaren Blick und der korrekten Art hat ihn längst beeindruckt.

Während sie in der französischen Schweiz war, hatte er eine Hotelfachschule besucht. Dort lernte er unter den Mitschülerinnen seine spätere Frau kennen. Sie war ebenfalls das Kind eines Hotelbesitzers. Andreas hatte geglaubt, in ihr die rechte Frau für sich und seine Zukunft zu finden. Jemand wie sie, attraktiv, forsch und auf ihr Äußeres achtend, gewandt und immer zum Scherzen aufgelegt, war genau das Richtige für ihn. Obwohl sie vor Lebenslust sprühte und mit den Männern in ihrer Umgebung kokettierte, hatte Andreas Gysi geglaubt, die beste Wahl getroffen zu haben. Es ärgerte ihn zwar, daß sie die Nase rümpfte beim Anblick des Hotels in Iseltwald, des alten, unmodernen

Kastens, wie sie es nannte. Verliebt, wie er war, hatte er geglaubt, ihre Ansicht würde sich bald ändern.

Sein Vater war von der Schwiegertochter ebenfalls beeindruckt gewesen und hatte ihm geraten, sie zu heiraten. Nur die Mutter wußte aus eigener Erfahrung, welche Arbeit auf die junge Frau wartete, wenn sie erst dem Hotelbetrieb vorstehen würde. Sie hatte der Verbindung ihres Sohnes mit der üppigen Blondine besorgt entgegengesehen. Sie war keine Frau für Andreas, keine Gefährtin und keine Hilfe. Aber er war nicht gewillt gewesen, auf die Warnung seiner Mutter zu hören und schien blind für die besorgniserregende Oberflächlichkeit der jungen Frau.

So war die Ehe geschlossen worden und hatte nicht einmal vier Jahre gehalten. Die beiden Kinder, drei und zwei Jahre alt, wuchsen nun ohne Mutter heran. Die Großmutter kümmerte sich wohl so oft wie möglich um sie, aber weil ihr kranker Mann sie sehr beanspruchte, wurden der kleine Junge und sein Schwesterchen meistens einem Kindermädchen anvertraut. Andreas hatte nur wenig Zeit für sie. Darum war es kein Wunder, daß seine Gedanken von Liliane nicht loskamen. Sie hatte sich zu einer blühenden jungen Frau entwickelt und galt im Dorf als ausgesprochene Schönheit. Heute war der junge Gysi nochmals im Chalet Madeury gewesen, um einen erneuten Versuch zu machen.

Nach des Vaters Tod hatte Liliane erkannt, daß der Mutter nicht damit gedient war, daß sie bei ihr und den Kindern zu Hause blieb. Sie mußte irgendwie Geld verdienen, um zum Unterhalt der Familie beizusteuern. Mit dem Fremdenverkehr war während des Krieges ohnehin nicht in der Weise zu rechnen, daß sie davon hätten leben können. Wieder einmal war es Frau Madeury gewesen, die sich ihrer angenommen hatte. Je länger, desto mehr zog es die Dame aus der Stadt in die Stille ihres Hauses am Waldrand in Iseltwald.

Das Chalet war für sie allein zu groß und zu geräumig, auch hatte sie viel Besuch. So wäre ihr die Arbeit alleine zu viel geworden. Bis dahin hatte sie eine Frau aus dem Dorf stundenweise beschäftigt. Nun aber fragte sie Frau Stucki, ob sie Liliane als Haustochter anstellen dürfe. Sie wolle dafür sorgen, daß das Mädchen perfekt kochen lerne, selbstverständlich dürfe sie die Sprachschule besuchen, um Englisch zu lernen. Eine gute Entlohnung sei sicher. Wenn Frau Stucki in der Hauptsaison wieder mehr Gäste haben würde, wolle sie die Tochter stundenweise heimschicken, damit sie auch hier helfen könne. Außerdem habe Liliane jede Woche einen freien Nachmittag, und wenn im Haus Madeury nicht gerade Besuch wäre, könne sie auch sonntags, wenn die Küche nach dem Mittagessen in Ordnung gebracht worden sei, zu ihrer Mutter gehen.

Ein besseres Angebot hätte Frau Stucki nie bekommen können, und sie sagte mit Freuden zu.

So arbeitete Liliane nun schon beinahe acht Jahre bei Frau Madeury, die ihr in der Tat eine mütterliche Freundin geworden war und das junge Mädchen vom ersten Tag an wie eine eigene Tochter behandelte und es förderte, wo sie nur konnte.

Aber nicht ohne gewisse Besorgnis hatte Frau Madeury beobachtet, wie Andreas Gysi sich für Liliane zu interessieren begann. Ihr war klar, daß der Tag kommen würde, an dem dieses nette, zur jungen Frau herangereifte Mädchen nicht mehr bei ihr bleiben, sondern einen eigenen Hausstand gründen würde.

Gegen den jungen Hotelbesitzer war gar nichts einzuwenden. Er hatte einen guten Ruf und besuchte, so oft er es möglich machen konnte, die kirchlichen Gottesdienste. Das war ihr, der bewußt christlich eingestellten Frau, nicht unwesentlich. Das wollte bei seinem Beruf als Hotelier schon etwas heißen und mußte wohl dem Einfluß seiner sehr ordentlichen und auch christlich ausgerichteten Mutter zuzuschreiben sein. Zu Anfang seiner ersten Ehe hatte man ihn zwar kaum in der Kirche gesehen, mit seiner jungen Frau schon gar nicht. Aber vielleicht war die Enttäuschung, die er mit ihr erlebt hatte, nicht spurlos an ihm vorübergegangen. Schon oft hatte es sich bewahrheitet, daß Not beten lehrt. Allerdings hatte Frau Madeury auch das Gegenteil erlebt: daß Not zur Auflehnung gegen Gott führt. Auch in dem kleinen Iseltwald gab es Menschen, die heimlich die Faust gen Himmel hoben und fluchten. Desto erfreulicher war es, daß der junge Gysi nicht zu diesen gehörte. Frau Madeury konnte gut verstehen, daß er Gefallen an Liliane fand — aber sich von ihr trennen zu müssen, das würde ihr nicht leicht fallen, zumal sie älter wurde und heimlich gehofft hatte, Liliane würde einmal die Stütze ihres Alters werden.

Soeben hat Liliane Andreas Gysi zur Haustür begleitet. Nun begegnen sich die beiden Frauen in der Vordiele des Chalets. Prüfend blickt die mütterliche Freundin das Mädchen an.

„Was ist? Du siehst nicht gerade glücklich aus."

Liliane antwortet mit einem hörbaren Seufzer. Dann sagt sie: „Wie kann man froh sein, wenn man einem Menschen vielleicht die größte Enttäuschung seines Lebens bereiten mußte."

„Du sagst ‚mußte'? Aber komm! Mach eine Stunde Pause und setze dich zu mir ins Wohnzimmer. Hier in der Diele stehend können wir solche schwerwiegenden Probleme nicht besprechen."

„Ich wollte eigentlich die Wäsche bügeln."

„Die läuft nicht davon. Das hat noch Zeit bis morgen."

„Dann will ich wenigstens die Aufhänger an die neuen Küchenhandtücher nähen."

„Ich weiß, du meinst, bei mir nicht untätig sitzen zu können", sagt Frau Madeury und legt den Arm um Lilianes Schulter. Im Wohnzimmer angelangt, schlägt sie vor: „Ich schalte die Kaffeemaschine ein, und wir leisten uns jetzt eine kleine Feierstunde. Bitte, reiche die Keksdose von dort drüben her."

„Ach, Frau Madeury, Sie sind so lieb zu mir! Eine Mutter könnte nicht gütiger sein. Aber ich muß es Ihnen trotzdem sagen: Mir ist nicht zum Feiern zumute. Andreas tut mir so leid. Wenn ich nur eine gute Frau für ihn und eine liebevolle Mutter für seine Kinder wüßte!"

„Du hattest ihm doch schon das letztemal gesagt, als er dich fragte, daß er mit dir nicht rechnen könne?"

„Nicht nur einmal, bereits zweimal, und heute war es das dritte Mal. Er war so unglücklich."

„Er kann einem schon leid tun. Das große Hotel — wenigstens für Iseltwalder Begriffe groß — die kleinen, mutterlosen Kinder, der kranke Vater und immer wieder wechselndes Personal, dem Iseltwald einfach zu wenig Abwechslung bietet."

Liliane nickt zustimmend. „Ja, Andreas ist zu bedauern. Wenn ich ihm nur helfen könnte!"

„Und du glaubst, aus der Sympathie, die du schon immer für ihn empfindest, kann eines Tages nicht doch tiefe Zuneigung werden?"

Liliane schüttelt den Kopf.

„Oder stört es dich, daß er geschieden ist?"

„Wenn er es wäre, der Ehebruch begangen hätte, wäre die Sache für mich klar. Aber er ist schuldlos geschieden. Die Frau hat ihn betrogen. Nein, ich wünsche ihm von Herzen eine gute Ehe. Aber ich kann nicht seine Frau werden. Er bedeutet mir nicht so viel, daß ich ein Leben lang an seiner Seite sein könnte. Wenn ich je heiraten sollte, dann müßte mich ein ganz anderes Gefühl erfüllen. Eine große, starke Liebe, die mich fähig macht, für den Menschen, dessen Frau ich werde, alles zu tun, die größten Opfer zu bringen — ja, mich selbst aufzugeben."

Sinnend blickt Frau Madeury das Mädchen an. Beinahe schwärmerisch hat es gesprochen. Das ist doch sonst nicht Lilianes Art. Sie hat in diesem Augenblick einen seltsamen Gesichtsausdruck. Ihre Augen scheinen weit in die Ferne zu blicken, als suchen sie dort etwas Wirklichkeitsfremdes.

Liliane fährt fort: „Sie haben mir damals geschrieben, als Frau Perron gestorben war und ich nach der Beerdigung noch vier Wochen bei den Kindern blieb: Mitleid genügt nicht. Sie werden sich erinnern, daß ich Ihnen mitteilte, Herr Perron habe mich gefragt, ob ich seine Frau werden wolle. Es ist nun auch schon fünf Jahre her. Ich war damals noch weniger erfahren als heute. Schon um des kleinen Pierre willen, der seine Mutter noch viel mehr vermissen mußte als die beiden größeren Buben, habe ich damals ernstlich erwogen, ob ich nicht doch die Frau von Herrn Perron werden solle. Er versuchte, mich dadurch zu gewinnen, daß er behauptete, seine Frau habe auf dem Sterbebett gemeint, daß sie sich keine andere Mutter für ihre Kinder und keine bessere Frau für ihn vorstellen könnte als mich. Aber ich empfand auch damals nichts anderes als ein tiefes Mitleid mit Herrn Perron und seinen Kindern. So ging ich schweren Herzens von Lausanne. Immmer noch sehe ich den kleinen Pierre, wie er weinend die Arme nach mir ausstreckte, und ich höre die beiden größeren Jungen fragen: ‚Warum bleibst du nicht für immer bei uns, Liliane?'"

Sie macht eine kleine Pause, als müsse sie das Erlebnis jener Zeit noch einmal durchdenken. Dann fährt sie fort: „Die Großmutter schrieb mir nach einiger Zeit, Herr Perron habe wieder geheiratet. Sie erinnern sich vielleicht, Frau

Madeury. Die neue Frau sei sehr geschäftstüchtig, aber eine liebevolle Mutter sei sie nicht. Vor der Eheschließung habe sie verlangt, daß Herr Perron den kleinen Pierre in eine Anstalt geben müsse, sonst würde sie ihn nicht heiraten. ‚So lange ich lebe und es vermag', hat die alte Frau damals geschrieben, ‚will ich mich der Kinder, besonders aber des armen kleinen Sohnes meiner verstorbenen Tochter annehmen. Was aber wird, wenn ich nicht mehr da bin?' — Erinnnern Sie sich, Frau Madeury, wie unglücklich ich in jenen Tagen war, von Zweifeln hin und her gerissen. Und wieder haben Sie damals zu mir gesagt: ‚Liliane, Mitleid genügt nicht!'

Sehen Sie, Frau Madeury, bei Andreas wäre es nicht anders. Ich weiß, Mutter hätte es gerne, daß ich ihn heirate. Sie fragte mich einmal, warum ich so wählerisch sei. Ihr käme es nicht auf das Geld und den Besitz an; denn sie wisse, daß mir nichts geschenkt würde, wenn ich Andreas heiraten und damit eine Fülle von Arbeit auf mich nehmen müsse, aber einen so guten und sicher auch treuen Menschen bekäme ich so bald nicht wieder."

Weil Frau Madeury nichts erwidert, fährt Liliane fort. Der mütterlichen Freundin aber scheint es, das Mädchen versuche, sein Handeln zu rechtfertigen.

„Ich meine, wenn der Rechte käme, dann wäre auch nicht der leiseste Zweifel möglich. Vermögen und Besitz dürfen überhaupt keine Rolle spielen."

Jetzt antwortet Frau Madeury: „Liliane, wichtiger als alles andere ist, sich über den Willen Gottes klar zu werden."

Das Mädchen blickt Frau Madeury fragend an. „Wie soll ich das erkennen — und dann, es fällt mir schwer, zu glauben, daß Gott sich um das Schicksal eines jeden einzelnen Menschen kümmert."

„Doch, Liliane, das tut er. Wenn du fragst, wie du den

Willen Gottes erkennen kannst, so muß ich dir antworten: Er redet zu dir nicht, wie wir beide jetzt miteinander sprechen, aber er antwortet auf unsere Lebensfragen durch sein Wort. Wenn man mit ihm im Gebet Verbindung sucht, vernimmt man in seinem Innern auch Gottes Stimme. Das ist das Wirken des Heiligen Geistes in uns."

Wieder sind die Augen des Mädchens sinnend auf Frau Madeury gerichtet. Dann antwortet es: „Ich bin nicht so gläubig wie Sie. Ich kann nur bewundern, wie sicher und ausgeglichen Sie Ihren Weg gehen."

„Ich bin ja auch viele Jahre älter als du. Aber gerade weil euch jungen Menschen die Lebenserfahrung fehlt, wäre es vielleicht gut, wenn ihr euch manchmal beraten lassen würdet."

Impulsiv erfaßt Liliane Frau Madeurys Hand. „Ich weiß, daß Sie es mit mir gut meinen."

„Und deine Mutter auch."

„Ja, auch das weiß ich!"

Einige Tage später geschieht etwas, was Frau Madeury nachdenklich werden läßt. Es kommt ein Brief von Frau Frohgemut, ihrer langjährigen Freundin. Da Frau Madeury Liliane längst wie eine eigene Tochter ans Herz gewachsen ist, läßt sie sie an allem Erleben teilnehmen. So liest sie ihr auch diesen Brief vor:

„Stuttgart, den 17. Juli 1950

Liebe Henny!

Ich kann es kaum glauben, daß es Wirklichkeit wird. Nur noch zwei Wochen, und ich werde mit Joachim bei Dir sein. Jahre sind dahingegangen, seitdem wir uns gesehen haben. Was alles ist in dieser Zeit geschehen! Wenn ich es vorher gewußt hätte, ganz gewiß, ich hätte mir das Leben genommen, denn es überstieg oft die Grenzen meiner Kraft. Nur der Gedanke an meinen Jungen hat mich davor bewahrt. Ich mußte und muß für ihn leben. Noch immer hat er keine Frau gefunden. Mädchen gibt es genug, die ihn umschwärmen. Das war ja immer so, aber er scheint sich nicht binden zu wollen oder hat noch nicht die rechte gefunden.

Joachim würde es sich verbieten, wenn er dies lesen könnte. Er behauptet ohnehin, ich behandle ihn wie ein unmündiges Kind. Natürlich ist er längst ein Mann geworden. Seinen 37. Geburtstag wird er in Iseltwald feiern, denn er hat sich nun endlich entschlossen, mit mir zu kommen. Ich muß ihm das hoch anrechnen, denn er ist auch heute noch nicht für das Leben in ländlichen Verhältnissen, sondern ein Großstadtmensch. Nun, wenn er sich amüsieren will, kann er ja nach Interlaken, Thun oder Bern fahren. Mir ist es aber ein besonderes Anliegen, daß er dabei ist, wenn ich zum erstenmal nach dem schrecklichen Krieg wieder in die Schweiz komme.

Dich, liebe Henny, noch einmal zu sehen, mich an der Schönheit der Natur erfreuen zu können, das alles ist für mich noch fast unfaßbar. In Gedanken stehe ich am Brienzer See, mache mit Dir eine Schiffahrt und möchte nichts anderes als ausruhen. Oh, Henny, ich freue mich! Wir werden uns viel zu erzählen haben. Ich gebe Dir rechtzeitig Nachricht, wenn wir eintreffen.

Sei von Herzen gegrüßt von Deinem
Gretchen

N. S. Joachim läßt Dich grüßen. Du habest recht gehabt mit Deinen düsteren Prophezeiungen. Was er damit meint, hat er mir nicht gesagt, und mein alter Kopf kann sich nicht erinnern."

Frau Madeury faltet das Briefblatt zusammen und steckt es wieder in den Umschlag. Dabei fällt ihr Blick auf Lilianes

Gesicht. Kommt es ihr nur so vor, oder ist sie wirklich freudig erregt?

„Kannst du dich an meine Freundin, Frau Frohgemut, noch erinnern?" fragt sie. „Es ist zwar schon lange her, daß sie hier in Iseltwald war, das letzte Mal kurz vor Ausbruch des Krieges. Damals kam sie jedoch allein."

„Ja, ich erinnere mich. Es war etwa zwei Jahre, bevor ich nach Lausanne ging. Ihr Sohn war lange vorher mit ihr hier bei Ihnen. Ich habe sie aber nur flüchtig gesehen und nie mit ihr gesprochen."

„Das weißt du noch?"

„Ja, obgleich ich damals erst ungefähr neun Jahre alt war", erklärt Liliane.

„Aber in jener Zeit kannten wir uns doch kaum. Soviel ich weiß, warst du das erste Mal in meinem Hause, nachdem dein Vater gestorben war und du aus der französischen Schweiz zurückgekommen warst."

„Aber ich bin dem Sohn Ihrer Freundin einige Male begegnet."

„Du hast wirklich ein gutes Gedächtnis."

„Ja, und er —" Plötzlich bricht Liliane ab. Frau Madeury sieht, wie ihr das Blut in die Wangen steigt. Das Mädchen fährt nach einer Weile fort: „Welche Zimmer soll ich für Ihre Freundin und deren Sohn richten?"

„Das hat noch Zeit, Liliane. Sie kommen erst in zwei Wochen. Du kannst nächste Woche die Betten lüften und die beiden Balkonzimmer im zweiten Stock putzen."

„Hatten Sie mir nicht einmal erzählt, Frau Madeury, daß Ihre Freundin längere Zeit in einer Nervenklinik war?"

„Ja, das stimmt. Sie ist immer ein sehr sensibler Mensch gewesen und war dem, was sie in der Kriegs- und Nachkriegszeit durchmachen mußte, einfach nicht gewachsen. Joachim hatte das Geschäft seines Vaters in Königsberg bereits übernommen, nachdem sein Lungenleiden ausgeheilt war. Er hatte längere Zeit in Davos zugebracht und kam damals anschließend hierher."

„Ja, ich weiß noch! Entschuldigen Sie, Frau Madeury, ich habe Sie unterbrochen. Bitte, erzählen Sie weiter."

„Er beendete danach seine Lehre und scheint auch — wenigstens schrieb so seine Mutter — recht erfolgreich in dem Geschäft tätig gewesen zu sein. Ob es wirklich so war, entzieht sich meiner Kenntnis. Meine Freundin hat in ihrem einzigen Sohn immer eine Art Wunderkind gesehen. Damals berichtete sie mir, daß er begeistert der Nationalsozialistischen Partei beigetreten sei und von Hitler Großes erhoffe. Wir hatten bereits bei seinem letzten Hiersein — ich glaube, es war 1933 — darüber diskutiert. Darauf spielt er an, wenn er mir sagen läßt, meine düsteren Prophezeiungen hätten sich erfüllt. Leidenschaftlich hatte er sich gegen meine Befürchtungen gewehrt, Deutschland werde durch Hitler schweren Zeiten entgegengehen. Kurzum, als der Krieg ausbrach, mußte auch Joachim Soldat werden. Wiederholt hatte seine Mutter versucht, ihn wegen des Geschäftes als unabkömmlich zurückstellen zu lassen, jedoch vergeblich. Joachim zog, so schrieb sie damals, begeistert in den Krieg, den er wohl mehr oder weniger als ein Abenteuer ansah. Frau Frohgemut, die sich bis dahin kaum um das Geschäft gekümmert hatte, mußte nun mit einem langjährigen Angestellten die Kundschaft bedienen — alle Jungen waren ja eingezogen. Nach und nach wurde es immer schwieriger, Waren zu beschaffen. Meine Freundin, die bis dahin nie gelernt hatte, was sparen und einteilen heißt, sah ihre Existenz gefährdet.

Jochaim wurde verwundet. Es war jedoch keine schwere Verletzung. Sie heilte bald. Nach einem kurzen Heimaturlaub mußte er wieder zurück an die Front. Diesmal schienen seine Begeisterung und sein Patriotismus bereits ziemlich abgeflaut zu sein. Daß er wie seine Kameraden nicht nach Stalingrad mußte, verdankte er einer Malaria, die er sich zugezogen hatte. Die immer wiederkehrenden, schweren Fieberanfälle schwächten ihn sehr. Wiederholt kam er ins Lazarett. Von seinen Kameraden, die nach Stalingrad gekommen waren, hat man keinen mehr wiedergesehen. Sie sind in jener Hölle umgekommen.

Bald kam für Königsberg eine schreckliche Zeit. Die Stadt wurde von den Russen besetzt. Frau Frohgemut gelang noch die Flucht. Aber alles, was sie besaß, mußte sie zurücklassen. Was das für die verwöhnte Frau bedeutete, kannst du dir vorstellen. Nach langen Irrfahrten in Güterzügen, in Viehwagen und tagelangen Fußmärschen kam sie in ein bereits überfülltes Flüchtlingslager. Dort brach sie zusammen. Damals wurde sie zum erstenmal in eine Nervenklinik gebracht. Ein uns bekannter alter Herr, der dort Chefarzt war, schrieb in jener Zeit an mich. Frau Frohgemut hatte ihn wohl darum gebeten und ihm unsere Adresse gegeben. Zeitweise soll meine Freundin völlig verwirrt gewesen sein. Sie fühlte sich immer auf der Flucht und weinte Tag und Nacht um ihren Sohn."

Frau Madeury macht eine kleine Pause, selbst wieder tief ergriffen von dem, was nicht nur Frau Frohgemut, sondern Tausende in jener Zeit durchgemacht hatten.

„Wie schrecklich ist das alles!" sagt Liliane. „Und wie fand Frau Frohgemut ihren Sohn wieder?"

„Das grenzt beinahe an ein Wunder", fährt Frau Madeury fort. „Die beiden hatten sich völlig aus den Augen verloren. Der Krieg nahm ein Ende — ein erschütterndes Ende. Der Mann, der dem deutschen Volk den Himmel auf Erden versprochen hatte, lebte nicht mehr. Alles schien in Auflösung begriffen zu sein. Unzählige waren heimatlos geworden. Ein Flüchtlingsstrom wälzte sich über die Landstraßen. Kranke und Alte starben in Straßengräben, aber auch mehr als ein Kind wurde dort geboren. Die Flüchtlingslager quollen über, weil sie längst zu klein geworden waren. Viele Städte lagen in Schutt und Asche. Gewiß, auch wir Schweizer haben während der Kriegsjahre Einschränkungen auf uns nehmen müssen. Die Lebensmittel wurden rationiert, und auf manches mußten wir verzichten, was uns früher selbstverständlich schien. Doch von dem, was die Menschen in den kriegführenden Ländern erlitten haben, können wir uns keine Vorstellung machen.

Damals schrieb Frau Frohgemut, die sich in der Nervenklinik langsam erholte, und fragte an, ob ich keinen Weg wüßte, daß sie wenigstens für einige Wochen zu mir in die Schweiz kommen könnte. Ich bemühte mich um sie, aber kein Deutscher erhielt damals die Erlaubnis, in die Schweiz zu fahren."

„Sie wollten mir erzählen, wie Frau Frohgemut und Joachim —", Liliane korrigiert sich, „ich meine, ihr Sohn sich wieder fanden."

„Richtig!" fährt Frau Madeury fort. „Ich sagte dir ja bereits, mir erscheint es wie ein Wunder. Joachim hatte wieder einen schweren Malariaanfall gehabt und war kurz vor Kriegsende mit einem Verwundetentransport nach Westdeutschland gekommen. Nach Königsberg gab es ja auch kein Zurück mehr. Von seiner Mutter hatte er schon lange nichts mehr gehört. Er mußte annehmen, daß sie in Königsberg oder aber auf der Flucht umgekommen war. Er nahm sich vor, nach ihrem Verbleib zu forschen. Doch durch die heftigen Fieberanfälle, die ihm zeitweilig die Besinnung raubten und in denen er im Delirium lag, war er dazu viel zu geschwächt.

Die Lazarette und Krankenhäuser waren in jener Zeit überfüllt. Nicht nur an der Front hatte es Tote und Verwundete gegeben, sondern auch in den Städten, die durch Fliegerangriffe heimgesucht wurden. So kam es, daß der Verwundetentransport bei dem auch Joachim Frohgemut war, in eine Nervenklinik geleitet wurde! Die Patienten mußten zusammengelegt werden, damit man einen Bau der Anstalt für die Verwundeten freimachen konnte. Du kannst dir schon denken, was geschah: Wochenlang befand sich Joachim Frohgemut in derselben Anstalt wie seine Mutter, ohne daß beide voneinander wußten. Eines Tages, als der Malariaanfall abgeklungen war, machte der Sohn meiner Freundin einen Spaziergang durch den Park. Nachdem er eine Weile ziellos umhergeschlendert war, erblickte er auf einer Bank eine einsame Frau."

„Woher wissen Sie das alles so genau?" unterbricht Liliane Frau Madeury. Rote Flecken brennen auf ihren Wangen. Sie ist ganz Ohr, ohne daß sie sich hätte erklären können, warum sie das alles so brennend interessiert.

„Meine Freundin hat mir später alles ausführlich geschrieben", fährt Frau Madeury fort. „Du kannst dir vorstellen, was es ihr bedeutete. Also, Joachim näherte sich der Bank. Er grüßte höflich und fragte: ‚Gestatten Sie, daß ich mich einen Augenblick zu Ihnen setze. Ich bin einer der Lazarettsoldaten, und der Spaziergang durch den Park hat mich mehr ermüdet, als ich dachte.'

Soweit hatte er aber kaum gesprochen, da gellte ein durchdringender Schrei durch den Park: ‚Joachim! Joachim!' Dieser starrte die Frau eine Sekunde fassungslos an. Dann sank er neben sie auf die Bank. Sie lagen sich in den Armen und weinten beide."

Auch über Lilianes Gesicht laufen Tränen. Verlegen versucht sie, diese zu verbergen.

„Ich weiß gar nicht", fährt Frau Madeury fort, „warum ich dir das alles nie erzählt habe. Ich hatte ja keine Ahnung, daß du diesem Joachim schon als kleines Mädchen begegnet bist."

„Wie ging es dann weiter?" fragt Liliane, nachdem sie sich wieder gefaßt hat.

„Nun, das liegt alles bereits Jahre zurück", berichtet Frau Madeury. „So fand Joachim damals seine Mutter wieder, die sich durch Entbehrungen, Krankheit und Flucht sehr verändert hatte und geradezu entstellt aussah. Kurzum, der leitende Arzt hörte von diesem wunderbaren Wiederfinden zwischen Mutter und Sohn. Meine Freundin schrieb mir, er habe Joachim beinahe das Wort abgeschnitten, als dieser von einem unglaublichen Zufall gesprochen hatte.

‚Junger Mann, hier geht es wahrhaftig nicht um einen Zufall, sondern um eine überwältigende Führung Gottes', hatte er sehr bestimmt gesagt. ‚Wie Ihre Mutter mir erzählt hat, wurden Sie durch Ihre Malaria vor Stalingrad bewahrt. Auch das war kein Zufall, sondern Gott hat in Ihr Leben eingegriffen. Offensichtlich haben Sie noch einiges zu lernen, sonst lebten Sie jetzt nicht mehr, oder aber Gott hat noch einen besonderen Auftrag für Sie.'

Gretchen Frohgemut, seine Mutter, schrieb mir das so ausführlich, weil sie selbst davon tief beeindruckt war. Sie hat sich nie fromm genannt und haderte oft mit Gott, der sie so unsagbar Schweres erleben ließ. Dieses wunderbare Zusammentreffen mit ihrem Sohn hat sie dann aber doch nachdenken lassen. Anscheinend haben die Worte des Chefarztes auch Joachim irgendwie stutzig gemacht, denn er wagte es nicht, ihnen zu widersprechen. So wenigstens schrieb mir damals Frau Frohgemut."

„Und wie ging es dann weiter?"

„Dieser Arzt hat sich rührend für die beiden eingesetzt. Sie hatten ja kein Zuhause und waren ohne jeglichen Besitz. Eine völlig neue Existenz mußte aufgebaut werden. Für

Joachim sah es damals ziemlich hoffnungslos aus. In jenem kleinen Ort, in den sie verschlagen worden waren, gab es keine Möglichkeit, als Textilkaufmann eine Anstellung zu finden. Die Wirtschaft mußte ja erst angekurbelt werden. Im Überschwang der Freude, seine Mutter wiedergefunden zu haben, erklärte Joachim sich bereit, jede Arbeit zu tun. Im Hause des Gärtners der Anstalt bekamen meine Freundin und ihr Sohn zwei winzige Stübchen zugewiesen. Frau Frohgemut half in der Großküche. In ihren Briefen klagte sie mir manchmal, daß ihre Hände unbeschreiblich aussähen. Doch bemühte sie sich schon um ihres Sohnes willen, der dort bald weniger angenehm auffiel. Er sollte dem Gärtner helfen, stellte sich dabei aber so ungeschickt und auch unwillig an, daß dieser bald genug von ihm hatte. Der Chefarzt machte einen zweiten Versuch. Er setzte ihn bei der Betreuung kranker Männer ein. Unter ihnen waren etliche, die mit einem Schock aus dem Krieg zurückgekehrt waren, so daß sie in der Nervenklinik untergebracht werden mußten. Wahrscheinlich hoffte der Chefarzt, Joachim würde für diese Männer Verständnis aufbringen, weil er ja selbst böse Erinnerungen an Fronterlebnisse hatte. Aber auch dort klappte es nicht. Seine Mutter schrieb es mir ganz verzagt. Sie hatte große Sorge, Joachim würde weggeschickt werden. Eine nochmalige Trennung von ihm glaubte sie nicht überstehen zu können. Als es in der Tat so weit kam, daß man ihrem Sohn nahelegen mußte, sich außerhalb der Anstalt nach einer Stelle umzusehen, brach Frau Frohgemut wieder zusammen und mußte von neuem in einer Krankenabteilung untergebracht werden. So ist es in den letzten Jahren schon einige Male gewesen. Sie hat einfach keine Spannkraft mehr. Außerdem hat sie wohl auch nie gelernt, zu etwas Schwerem, was ihr auferlegt wird, ein Ja zu finden. Notzeiten sollen zu Segenszeiten werden.

O weh, vor lauter Erzählen habe ich ganz die Zeit übersehen! Und dies alles interessiert dich gewiß kaum, Liliane."

„O doch, Frau Madeury. Ich erinnere mich noch gut an den jungen Mann, der sich damals hier in Iseltwald mit seiner Mutter erholte. Obgleich ich noch ein Kind war, hat er oft mit mir an der Schiffsanlegestelle gesprochen, wo wir einige Male zusammentrafen."

In Frau Madeurys Erinnerung scheint ein Erlebnis wachzuwerden. „Ach ja!" ruft sie aus. „Daß ich daran gar nicht mehr gedacht habe. Du warst ja das kleine Mädchen, von dem er seiner Mutter und mir lachend erzählt hat."

Liliane wird über und über rot. „Er hat in der Tat von mir gesprochen?"

„Ja – wie drollig! Obgleich es so viele Jahre zurückliegt, erinnere ich mich plötzlich daran, daß er gesagt hat, er habe eine kleine Freundin, die bildhübsch sei und ihm die Leviten gelesen hätte. Seine Mutter war damals ziemlich entsetzt, daß er schon wieder von einer Freundin sprach. Anscheinend war dies öfters der Fall. Sie erzählte mir dies in einer Mischung von Stolz und Besorgnis. Er beruhigte sie, indem er lachend erklärte, daß diese neue Freundin ein kleines Mädchen und ein bildhübscher Fratz sei, aber recht altklug und vorlaut. Liebe Zeit, Liliane, wie kommt es, daß dies alles bis in Einzelheiten plötzlich in meiner Erinnerung auftaucht?"

Frau Madeurys Haustochter erhebt sich. Auf ihrem Gesicht liegt ein abweisender Ausdruck. „Ich wüßte nicht, daß ich ihm damals Ursache gegeben hätte, von mir als von seiner kleinen Freundin zu reden. Aber jetzt ist es höchste Zeit für mich, das Abendessen zu richten."

Erstaunt blickt Frau Madeury ihr nach. Was ist mit Liliane? Sie kommt ihr merkwürdig erregt vor. Sie kann sich aber auch täuschen; denn was für ein Grund sollte dafür vorhanden sein?

In Liliane ist eine seltsame Unruhe aufgebrochen, deren Ursache sie sich nicht erklären kann. So vertrauensvoll ihr Verhältnis zu Frau Madeury ist, sie bringt es nicht fertig, ihr zu sagen, daß sie in all den Jahren den jungen Frohgemut nicht vergessen hat. Wohl ist sie damals ein Kind gewesen, und ihre Wege haben sich nie mehr gekreuzt. Aber aus mancherlei Gründen hat sie ihn nicht vergessen können. Einmal, weil sie sich damals über ihn geärgert hatte. Sie fand es beleidigend, obgleich sie noch nicht ganz neun Jahre alt war, daß er in so herablassender Weise von Iseltwald geredet hatte. Aber auch über sie hatte er sich lustig gemacht, als sie von „ihrem" See gesprochen hatte. Weil sie sich dagegen wehrte, war sie von ihm als altklug und vorlaut gewertet worden. Das also hatte er in Gegenwart seiner Mutter und Frau Madeury gesagt.

Noch etwas: Eine bildhübsche kleine Kröte hatte er sie genannt. Liliane errötete aufs neue, wenn sie daran dachte. Die Mutter hatte sie gescholten, als sie es ihr erzählte, und der Vatter hatte seiner kleinen Tochter damals verboten, sich mit diesem oberflächlichen jungen Deutschen in ein Gespräch einzulassen. Er hatte wohl befürchtet, daß er ihr den Kopf verdrehen könnte. Nein, das hatte er nicht fertig gebracht, denn sie hatte sich viel zu sehr über ihn geärgert. Und doch hatte die Mutter ihr kleines Mädchen dabei ertappt, als es sich prüfend im Spiegel betrachtete.

Inzwischen hat manch junger Bursche aus dem Dorf ihr geschmeichelt. „Liliane, du bisch die Schönscht vom ganze Ort!" Welch ein Mädchen hört so etwas nicht gern? Sie hatte wohl wahrgenommen, daß sich auch die Fremden nach ihr umdrehten. Mehr als einmal hatte sie auch mit angehört, ohne daß sie es wußten, wenn die Gäste ihres Hauses zu ihrer Mutter sagten: „Ihre Tochter ist sehr hübsch. Welch klassisches Gesicht, welch eine Figur!" Die Mutter hätte solche Aussprüche nie an sie weitergegeben, ebenso sprach Liliane auch nie davon, daß sie mitgehört hatte.

Doch da war noch etwas, das dazu beitrug, daß Liliane den jungen Frohgemut nicht vergessen konnte: Es war am Tag seiner Abreise gewesen. — Während Liliane ihrer Arbeit nachgeht, rechnet sie aus, wieviel Jahre seitdem vergangen sind. Liebe Zeit, damals stand sie vor ihrem neunten Geburtstag, heute war sie bald fünfundzwanzig Jahre alt. Hat Frau Madeury vorhin nicht vorgelesen, daß Frau Frohgemuts Sohn seinen siebenunddreißigsten Geburtstag in Iseltwald verleben würde? Somit war er ja bald vierzig Jahre alt! Also bereits ein behäbiger Herr, längst über die Jugendjahre hinaus. Liliane begreift sich selbst nicht, daß sie so viel Zeit im Denken an ihn verschwendet. — Weil sie nun schon einmal dabei ist, sich Rechenschaft über ihre Reaktionen und Empfindungen zu geben, sinnt sie auch dem dritten Grund nach, der sie diesen Joachim Frohgemut nicht vergessen ließ. Dieser Grund ist allein in ihrer Treue und in ihrem Mitleid verankert.

Ja, sie erinnert sich noch gut. Der Vater hatte ihr damals verboten, an die Schiffsanlegestelle zu gehen, solange dieser junge Deutsche in Iseltwald war. „I wott nit, daß du mit dem junge Löli redscht."

Schweren Herzens hatte sie damals auf ihren täglichen Gang zur Schiffsanlegestelle verzichtet. Aber des Vaters Wille war maßgebend, und sie hätte nicht gewagt, sich ihm zu widersetzen. So war sie also an jenem Tag mit ihren drei Brüdern den Seeweg entlanggegangen, der nicht an der Schiffsanlegestelle vorbeiführte. Sie erinnerte sich noch genau, wie sich plötzlich ein Mann neben sie auf die Bank am Ufer setzte und sie ohne Umstände ansprach. Es war Joachim Frohgemut, der sie am Steg vermißte und sie von weitem mit den Geschwistern in den Promenadenweg einbiegen sah. Er war ihnen nachgegangen und hatte Liliane wieder in ein Gespräch verwickelt.

Dabei ergab sich, daß er, der Zwanzigjährige, ihr aus seinem Leben erzählte. Ob es Absicht gewesen war — sie wußte es damals nicht und vermochte es auch heute noch nicht klar zu erkennen — ob er sich vor ihr interessant machen oder ihr Mitgefühl wecken wollte, kurz, das weiche Herz des Kindes war voller Mitleid, als er ihr berichtete, daß er so früh den Vater verloren habe, daß er weder Bruder noch Schwester besitze und sich daher immer sehr einsam fühle.

Liliane erinnert sich noch gut daran, wie Mitleid und Schuldgefühle in ihr gestritten hatten. Unausweichlich war da die Verbotstafel des Vaters. Er wollte nicht, daß sie mit diesem oberflächlichen Fremden noch einmal ins Gespräch kam. Aber wenn er doch so ein armer Mensch war, ohne Vater und Geschwister! Sie hatte sich schließlich nur kurz von ihm verabschiedet, war aber den Gedanken an ihn nicht los geworden und hatte zum erstenmal bewußt ein Geheimnis vor ihrer Mutter gehabt. Und weil sie es schon damals so hielt, daß sie im Gebet für alle ihre Lieben vor Gott eintrat, nahm sie auch diesen jungen Deutschen, der ihr so leid tat, in ihr Gebet hinein — und das bis jetzt.

Während Liliane das Abendessen vorbereitet, muß sie beinahe über sich selbst den Kopf schütteln. Wie kindisch hat sie sich in all den Jahren benommen! Als ob ein Mann wie er einsam geblieben wäre! Der würde sicher einen großen Freundeskreis um sich sammeln und nicht nur Freunde, sondern auch Freundinnen haben. Albern war es auch, ihn immer noch als den jungen Deutschen zu sehen. Sie war fast erschrocken, als sie heute erfuhr, er werde siebenunddreißig Jahre alt.

Überhaupt, sie würde ab sofort nicht mehr für ihn beten, weil er sich erlaubt hatte, sie seine kleine Freundin zu nennen, ganz gleich, ob dies vor vielen Jahren war oder nicht. Außerdem hatte er sie vorlaut und altklug genannt — das war eigentliche eine Unverschämtheit. Sie wird ihn also aus ihren Gebeten streichen.

Am Abend schließt Liliane den Bekannten aus ihrer Kinderzeit aber doch wieder in ihr Gebet ein, wenn es sich auch nur um eine kurze, flüchtige Bekanntschaft oder, besser gesagt, nur um eine belanglose Begegnung gehandelt hat. Es ist ein Akt der Treue. Sie hatte sich als Kind vorgenommen, für ihn zu beten, der vielleicht niemanden besaß, der über ihm die Hände faltete. Nun wäre sie sich treulos vorgekommen, wenn sie nicht dabei geblieben wäre.

Warum eigentlich hat sie noch mit keinem Menschen darüber gesprochen? Sie hat doch ein so gutes Verhältnis zu ihrer Mutter! Auch gegenüber Frau Madeury hat sie nie etwas von der Begegnung mit Joachim Frohgemut erwähnt, am wenigsten, daß sie in all den hinter ihr liegenden Jahren für ihn gebetet hat.

Wenn die beiden nun kamen, würde sie mit keinem Wort andeuten, daß sie sich vor Jahren schon begegnet sind. Er wird sie längst vergessen haben und sich an das kleine Mädchen nicht mehr erinnern. Wäre es nicht ohnehin am besten, sie würde Frau Madeury bitten, in der Küche essen zu dürfen? Doch wußte sie schon jetzt, daß sie gar nicht den Versuch machen brauchte, sie würde es niemals zulassen. Aber mehr als zurückhaltend wollte sie sein. Das nahm Liliane sich fest vor.

Dann richtet sie die beiden Gastzimmer. Sie bezieht die Betten mit blütenweißer Wäsche, legt besonders schöne Tischdecken auf, stellt frische Blumen aus dem Garten auf Tisch und Kommode und auch auf den Schreibtisch des jungen, nein, alten Herrn. Doch dann trägt sie dieses Sträußchen wieder hinaus und stellt es in Frau Madeurys Zimmer. Wie kommt sie dazu, Herrn Frohgemuts Zimmer mit Blumen zu schmücken? Schließlich bildet er sich darauf noch etwas ein. Eine Schale mit Obst stellt sie statt dessen auf den Tisch.

Frau Madeury wirft noch einen letzten Blick in die Gastzimmer. „Schön hast du es gemacht, Liliane. Nur in Joachims Zimmer hast du noch keine Blumen stehen."

„Genügt nicht die Obstschale?"

Meint Frau Madeury es nur, oder ist Liliane wirklich verlegen geworden?

„Wir haben so viele Blumen im Garten. Stell ihm ruhig auch ein Sträußchen ins Zimmer." Das Mädchen gehorcht und zeigt keinen Widerwillen.

„Nimm bitte den Handwagen für die Koffer", sagt am anderen Tag Frau Madeury. „Sie kommen mit dem Schiff. Wir werden sie abholen. Weil sie ein paar Wochen bleiben, werden sie allerlei Gepäck haben."

Demnach sind sie nicht mehr so arm, denkt Liliane, sagt aber nichts.

Und dann stehen sie beide an der Schiffsanlegestelle, wo Liliane vor siebzehn Jahren Joachim Frohgemut zum erstenmal begegnet ist. Damals hat er sie ausgelacht, als sie sagte, der Schiffskapitän sei ihr Freund und warte immer darauf, daß sie am Landeplatz stehe. Bald kommt das Schiff in Sicht, und viele Passagiere steigen aus.

Lilianes Augen suchen, aber sie findet keinen, der sie auch nur im Geringsten an Joachim Frohgemut und seine Mutter erinnern würde.

Frau Madeury hat ihre Freundin zuerst erkannt. „Gretchen!" ruft sie bewegt und geht der älteren, zierlichen Dame auf dem Steg entgegen, wo sie diese in die Arme schließt.

Frau Frohgemut wirkt im Gegensatz zu Frau Madeury, die ebenfalls 57 Jahre alt ist, wie eine Siebzigjährige. Schneeweiß ist ihr Haar. Ihr Gesicht, das sie in früheren Jahren sehr gepflegt hat, ist von Runzeln bedeckt. Sie macht einen so kraftlosen Eindruck, daß man jeden Augenblick fürchtet, sie werde zusammenbrechen. Was muß sie durchgemacht haben!

Frau Madeurys Augen suchen den Sohn. Ist er nicht mitgekommen?

„Wo ist Joachim?" fragt sie die Freundin.

„Er steht doch neben dir!" erwidert diese. Auch heute spricht mütterlicher Stolz aus ihren Augen.

„Das soll Joachim sein?" fragt Frau Madeury und mustert die sich ihr zuwendende Männergestalt. „Dich hätte ich nicht wiedererkannt."

„Bin ich so alt oder häßlich geworden?" fragt er und ergreift die ihm entgegengestreckte Hand, um sie zu küssen. „Tante Henny, wir sind dir zu großem Dank verpflichtet. Ja, es ist lange her, daß wir uns gesehen haben, und vieles ist seitdem geschehen."

Joachim Frohgemut wirkt behäbig. Fast ein wenig wuchtig sieht er aus, als trinke er gerne ein Glas zu viel. Er ist elegant gekleidet.

Frau Madeury sieht sich nach Liliane um, die mit dem Handwagen im Hintergrund steht. „Bitte, Joachim, stelle die Koffer auf den Wagen dort drüben!" und fährt fort: „Das ist Fräulein Stucki, meine Haustochter."

Frau Frohgemut reicht ihr die Hand. „Guten Tag, Fräulein Stucki!"

Ihr Sohn grüßt kurz mit einem Kopfnicken. Dann reicht er seiner Mutter, die auf unsicheren Füßen steht, den Arm. „Komm, Mama, wir wollen sehen, ob wir nach so langen Jahren den Weg zum Chalet noch finden."

Sie setzen sich in Bewegung. Frau Madeury hat einen Augenblick überlegt, ob sie Joachim nicht auffordern soll, mit Liliane zusammen den Handwagen zu ziehen. Die drei Koffer haben ein ganz schönes Gewicht. Aber irgend etwas hält sie davon ab, sie greift selber zu.

Liliane wehrt sich dagegen: „Bitte, Frau Madeury, lassen Sie mich dies alleine machen. Ich schaffe es schon. Stützen Sie lieber Frau Frohgemut. Sie braucht Ihre Hilfe ganz bestimmt nötiger."

„Nein", erwidert Frau Madeury in bestimmtem Ton. „Ich lasse dich nicht die schweren Koffer alleine ziehen. Joachim hat auf der ganzen Reise seine Mutter allein betreut. Er wird sie nun auch zum Chalet hinaufführen können." Mit verhaltener Stimme spricht sie weiter: „Findest du nicht auch, daß meine Freundin erschreckend elend aussieht? Die hinter ihr liegenden Jahre und all die schweren Erlebnisse haben ihre Lebenskraft gebrochen. Wie tut sie mir leid! Aber es scheint ihnen nun doch besser zu gehen, wenigstens nach ihrem Äußeren zu urteilen."

Liliane erwidert nichts. Natürlich hat Joachim sie nicht erkannt, ebensowenig, wie sie in diesem aufgeschwemmten Mann den jungen Fremden von damals vermutet hätte.

Frau Madeury ärgert sich über Joachim. Keinen Augenblick scheint ihm der Gedanke zu kommen, daß er sich beim Ziehen der schweren Koffer beteiligen könnte. Seine Mutter hätte schließlich auch sie hinaufführen können. Im übrigen fragt sie sich, ob diese den steilen Weg überhaupt schafft. Hätte sie nicht doch eine Taxe nehmen sollen? Es sind zwar höchstens zehn Minuten, aber auch diese scheinen Frau Frohgemut zu anstrengend zu sein.

Ihr Weg führt am Hotel Gysi vorüber. Andreas ist gerade dabei, sich um einige Gäste seines Hauses zu kümmern. Er sieht die kleine Gruppe, die sich mühsam den Weg hinaufschleppt. „Bitte, entschuldigen Sie mich!" sagt er zu den Gästen, mit denen er sich unterhält. Dann wendet er sich an Frau Madeury: „Ich bitte Sie, unmöglich können Sie den

Handwagen hinauf zu Ihrem Chalet ziehen. Warten Sie einen Augenblick. Ich rufe den Hausknecht. Und dann die alte Dame — ich fürchte, sie schafft es nicht. Setzen Sie sich doch einen Augenblick auf die Bank hier. Ich hole meinen Wagen aus der Garage und fahre Sie alle hinauf. Köbi bringt das Gepäck nach."

Frau Madeury atmet auf. Wirklich, der Handwagen war zu schwer, obgleich Liliane sich mit ganzer Kraft einsetzte. Diese aber weiß nicht, wie sie sich jetzt verhalten soll. Soll sie mit dem Hausknecht gemeinsam den Wagen mit dem Gepäck ziehen? Soll sie vorlaufen? Aber sie schafft den Weg nicht, bevor das Auto oben ist, schließlich hat sie sofort Pflichten: Der Besuch soll gleich Kaffee trinken.

Noch während sie überlegt, ruft Andreas Gysi ihr zu: „Liliane, komm, du kannst auch noch mitfahren, der Wagen ist groß genug. Setz dich zu mir nach vorne. Frau Madeury kann mit der Dame und dem Herrn hinten sitzen."

Nun ist Liliane direkt froh, daß Andreas diese Anordnung trifft, aber sie spürt auf dieser kurzen Fahrt die prüfenden und tastenden Blicke des Mannes, der hinter ihr sitzt. Er sieht aus, als sei er gewöhnt, jedes weibliche Wesen nur nach gewissen, eindeutigen Gesichtspunkten zu taxieren. Sie wird vor ihm auf der Hut sein! Soviel ist sicher.

„Herr Gysi, haben Sie vielen Dank!" sagt Frau Madeury. „Sie waren wirklich unsere Rettung!"

„Es war mir ein Vergnügen!" erwidert der junge Mann galant und streift mit einem prüfenden Blick Joachim Frohgemut, nachdem er der Dame behutsam aus dem Wagen geholfen hat.

„Das liebe alte Haus!" ruft diese. „O Henny, wie viele Erinnerungen werden in mir wach! Ich könnte vor Freude weinen!"

„Jetzt wird nicht geweint!" Es sollte scherzhaft klingen,

aber Frau Madeury empfindet es fast herzlos, wie Joachim zu seiner Mutter spricht.

Sie wendet sich ihm zu. „Da kommt auch schon der Hausknecht vom Hotel Gysi. Er scheint den Weg abgekürzt zu haben, denn sonst könnte er noch nicht da sein. Das Auto mußte durch den Ort fahren. Joachim, du bist bitte so gut und bringst die Koffer ins Haus. Köbi wird gewiß gleich wieder unten im Hotel benötigt."

„Selbstverständlich!" erwidert Joachim und wirft gleichzeitig einen Blick auf Liliane, als habe er zu bestimmen: Du wirst mir doch auf jeden Fall behilflich sein?

Das Mädchen hat es wohl gesehen, aber Liliane tut, als merke sie nichts. Sie geht voraus, um das Haus aufzuschließen, während Frau Madeury ihrer Freundin hilft, durch den Garten hinauf zum Chalet zu gelangen.

Nachdem den beiden Besuchern ihre Zimmer gezeigt worden sind und sie sich von der Reise erfrischt haben, trägt Liliane den duftenden Kaffee auf und will sich gleich zurückziehen.

„Du hast ja ein Gedeck zu wenig", sagt Frau Madeury, die einen prüfenden Blick über den Tisch geworfen hat. „Nein, nein, liebes Kind, wir werden in diesen Tagen keine Änderungen vornehmen. Du nimmst wie immer die Mahlzeiten mit uns ein." Sie scheint die flehenden, ja beschwörenden Blicke Lilianes nicht zu sehen, sondern fährt in ihrer liebenswürdigen Art, zu ihren Gästen gewandt, fort: „Fräulein Liliane ist nämlich schon seit acht Jahren bei mir. Sie gehört zur Familie, wenn man bei zwei Personen von einer solchen sprechen kann. Ich möchte dich" — sie wendet sich wieder direkt an Liliane — „nicht missen. Komm und setze dich zu uns!"

Frau Frohgemut wirft dem Mädchen einen freundlichen Blick zu, schenkt ihm aber sonst keine weitere Aufmerksamkeit, während Joachim bereits zugegriffen hat und sich an einem Stück Apfelkuchen mit Schlagsahne gütlich tut.

„Lang entbehrte Genüsse!" schwärmt er. „Jahrelang haben wir nicht mehr gewußt, wie ein Stück Kuchen aussieht und wie ein Löffel voll Schlagsahne schmeckt. Aber seit einiger Zeit geht es in Deutschland wieder aufwärts. Du machst dir keinen Begriff, Tante Henny, wie aus den zertrümmerten, verbombten Städten Neues entsteht, schöner denn je zuvor. Natürlich dauert es noch einige Zeit, bis die Spuren des Krieges getilgt sind, und die vielen Toten, die unter den Trümmern begraben lagen, macht natürlich keiner wieder lebendig, genauso wenig wie diejenigen, die im Krieg gefallen sind. Aber mit Jammern und Klagen ist es nicht getan. Die Vergangenheit ist vorbei. Eine neue Zukunft liegt vor uns. Gott sei Dank — so alt bin ich noch nicht, daß ich diese nicht bewußt miterleben könnte."

Er greift nach einem Stück Johannisbeerkuchen und reicht seine Tasse hinüber zu Liliane: „Wollen Sie mir bitte noch einmal eingießen?" Sie hat, wenn auch zögernd, ein Gedeck aus der Küche geholt und sich neben Frau Madeury gesetzt. Wenn sie befürchtet hat, Herr Frohgemut könnte sie erkennen, dann irrt sie sich. Er gibt sich ganz dem Genuß des ihm Gebotenen hin, kaut — spricht — greift zu — und spricht weiter.

„Tatsache ist, daß kein anderes Volk wie das deutsche, das einen verlorenen Krieg hinter sich hat, sich so schnell wieder auf sich selbst besinnen und in erstaunlicher Weise aufrichten würde. Die Schweizer wären dazu bestimmt nicht fähig gewesen."

Frau Madeury sieht, wie Liliane bis unter die Haarwurzeln errötet. Wie taktlos dieser Mensch redet! Er scheint nicht viel gelernt zu haben. Schon damals als Zwanzigjähriger hat er den Mund so voll genommen — nicht nur beim Essen.

„Du wirst vorsichtig sein müssen, Joachim", sagt Frau Madeury jetzt. „Die Schweizer sind sehr hellhörig, und viele haben es noch längst nicht überwunden, was durch Hitler Tausenden von Menschen an Unrecht zugefügt worden ist, besonders den Juden, Alten und Schwachsinnigen. Hier ist gut bekannt, daß viele Menschen in den Nervenkliniken umgebracht worden sind."

Sie erschrickt vor ihren eigenen Worten. Hat sie doch gar nicht daran gedacht, daß ihre Freundin nun schon einige Male in einer psychiatrischen Anstalt gewesen ist.

Diese bricht nun auch in Tränen aus. Wahrscheinlich ist sie von der langen Fahrt übermüdet.

Frau Madeury legt den Arm um ihre Schultern. „Entschuldige, Gretchen", sagt sie, „ich wollte dich nicht beunruhigen. Diese schrecklichen Zeiten sind ja nun glücklicherweise vorüber. Ich meine, wir sollten dir jetzt eine Pause gönnen. Wenn es dir recht ist, bringe ich dich in dein Zimmer. Da kannst du bis zum Abendessen ruhen."

Liliane geht und kommt, sie deckt den Tisch ab und hat etliches zu tun, um das Zimmer wieder zu ordnen. Sie spürt aber deutlich, daß Joachim sie mit seinen Blicken verfolgt. Sobald sie ihn ansieht, vertieft er sich in eine Zeitung. Als sie den Raum endgültig verlassen will, um in der Küche das Abendessen zu richten, fragt er lässig über die Zeitung hinweg: „Wenn ich Frau Madeury recht verstanden habe, sind Sie hier schon längere Zeit als Dienstmädchen angestellt?"

Heiß steigt es in ihr auf. Deutlich spürt sie in seinen Worten die Geringschätzung. Am liebsten würde sie ihm keine Antwort geben, aber das wäre nicht höflich. So sagt sie: „Frau Madeury pflegt mich nicht Dienstmädchen, sondern Haustochter zu nennen und behandelt mich in der Tat, als wäre ich ihre eigene Tochter. Ich bin ihr zu großem Dank verpflichtet. Aber vielleicht darf ich Ihnen doch von vornherein sagen, daß ich es nicht als Entwürdigung betrachten würde, hier als Dienstmädchen zu arbeiten. Es kommt wohl darauf an, ob man sich durch seine Leistung Achtung und Anerkennung erwirbt. Ich habe im Dienen noch nie etwas Entwürdigendes gesehen."

Erstaunt blickt Joachim sie an. Er hat es sich in einem Sessel bequem gemacht. Sie steht ruhig vor ihm, bemüht, ihre innere Erregung zu verbergen. Er zieht sogar die lässig hingestreckten Beine zurück.

„Alle Achtung!" sagt er in betonter Bewunderung. „Die Haustochter meiner Tante weiß sich gewählt auszudrücken. Wo sind Sie zur Schule gegangen, Fräulein —, wie war doch Ihr Name?"

„Stucki heiße ich. Aber ich habe jetzt in der Küche zu tun. Bitte, entschuldigen Sie mich!" Sie verläßt das Zimmer.

Joachim pfeift leise durch die Zähne. Die Frau beginnt ihn zu interessieren. Bildhübsch ist sie; ihre Figur kann man geradezu klassisch nennen. Ein wissendes Lächeln spielt um seinen sinnlichen Mund. Es wäre gar nicht so übel, hier in der Weltabgeschiedenheit der Schweizer Berge ein neues kleines Abenteuer zu erleben. Aber ob es ihm gelingen würde, diese kühle Schönheit zu erobern? Nein, die fühlt sich keineswegs nur als Dienstmädchen und hat ihn gleich bei den ersten Worten zurechtgewiesen. Ist ihm das nicht schon einmal passiert?

Liliane steht indessen in der Küche, putzt den Salat, schneidet gekochten Schinken in kleine Würfelchen, um diesen unter die Nudeln zu mischen.

Sie macht diese Arbeit mechanisch. Irgend etwas greift nach ihr, wie sie es — allerdings in weit schwächerem Maße — als kleines Mädchen gespürt hat, als der damals junge Joachim Frohgemut sie mit seinen Reden zu reizen und herauszufordern suchte. Sie spürt, wie er sich auch jetzt mit seinen Gedanken auf sie zu bewegt. Sie wird auf der Hut sein und nicht auf ihn hereinfallen. Er mag seine vielfältigen Erfahrungen mit jungen Mädchen jeder Art gemacht haben, allerdings auf solch plumpe Komplimente, wie er sie schon damals anbrachte, wird sie nicht hereinfallen. Das nimmt sie sich fest vor. Sie hat ihm darum auch ganz bewußt nicht ihren Vornamen genannt, als er nach ihrem Namen fragte.

Liliane wendet sich intensiv ihrer Arbeit zu, kann es aber doch nicht verhüten, daß sich ihre Gedanken immer wieder mit ihm befassen.

Beim Abendessen geschieht etwas, was ihr höchst unangenehm, ja sogar peinlich ist. Hätte sie doch Frau Madeury gebeten, in keiner Weise anzudeuten, daß sie sich schon einmal begegnet sind!

„Weißt du auch, Joachim", fragt Frau Madeury im Laufe des Tischgesprächs, „daß ihr beide euch vor Jahren schon einmal begegnet seid, Liliane und du?"

Wie unangenehm — wieder steigt Liliane das Blut ins Gesicht. Hätte Frau Madeury doch geschwiegen! Wie soll sie sich jetzt verhalten?

Wirklich, er scheint sich zu erinnern! Einen Augenblick lang denkt er nach und wiederholt halblaut: „Liliane? Liliane?" Wo und wann bin ich diesem Namen schon einmal begegnet? Er spricht es zwar nicht aus — dazu ist er zu klug, aber in Gedanken läßt er die Reihe seiner verschiedenen Freundinnen an sich vorüberziehen. Ursula, Brigitte, Genoveva, Hilde... Nein, Liliane hieß keine von ihnen. Aber dann weiß er es plötzlich. Er springt vom Stuhl, faßt sich an den Kopf, und in seinen Augen leuchtet ein amüsiertes Lächeln auf. Mit ein paar Schritten geht er um den Tisch, streckt dem peinlich berührten Mädchen beide Hände entgegen und ruft theatralisch aus: „Liliane, natürlich, es gibt nur eine Liliane! Habe ich mich doch die ganze Zeit gefragt:

Wo ist mir diese reizende junge Dame schon einmal begegnet? Ihr unvergeßliches Bild, ja, heute muß ich von einem Gemälde erlesenster Kunst sprechen, war in meiner Erinnerung wohl ein ganz klein wenig verblaßt, aber niemals ausgelöscht. Liliane, ich bin entzückt, dich wiederzusehen."

Er ergreift ihre Hand und will sie an die Lippen ziehen, sie aber läßt es nicht zu. Kühle Abneigung ist auf ihrem Gesicht zu lesen.

Er lügt! denkt sie und ist überzeugt, daß die Begegnung mit ihr vor so vielen Jahren längst vergessen ist. Er spielt Theater und — wie kommt er dazu, sie mit ihrem Vornamen und mit „Du" anzusprechen. Das geht zu weit, wenn sie in seinen Augen auch nur das Dienstmädchen ist. Sie bemüht sich zwar, in freundlich gelassenem Ton zu antworten, kann aber eine gewisse Schärfe nicht vermeiden, als sie sagt: „Herr Frohgemut, ja, ich bin das kleine Mädchen, dem Sie vor siebzehn Jahren am Steg begegnet sind. Aber ich erinnere mich nicht, daß ich ‚Du' zu Ihnen gesagt hätte. Inzwischen bin ich längst erwachsen, und ich denke, wir belassen es bei dem Sie!"

Die beiden Frauen sehen Liliane fast entsetzt an. Ist ihre Antwort nicht doch um eine Nuance zu hart, ja beinahe zu scharf?

Er aber amüsiert sich offensichtlich. Schallend lacht er los. „Nun sieh einmal die Liliane! Ja, ich erinnere mich jetzt genau. Sie war schon damals eine sehr selbstsichere kleine Person und wußte genau, was sie wollte. Wie oft habe ich in all diesen Jahren an Sie gedacht. Es ist mir eine aufrichtige Freude, Sie hier wiederzufinden. Erinnere ich mich recht? War Ihr Vater nicht Fischer?" Er hat seinen Platz wieder eingenommen, setzt aber das Gespräch mit Liliane in sichtlicher Heiterkeit fort.

„Ja, er war Fischer", gibt sie zur Antwort.

„Und wie geht es ihm? Fährt er noch immer hinaus? Bringt er gute Beute heim?"

„Fräulein Stuckis Vater ist schon mehr als acht Jahre tot", erwidert Frau Madeury. „Man fand ihn eines Tages tot in seinem Fischerboot auf dem See treibend. Er hatte einen Herzschlag bekommen."

„Oh, wie schmerzlich!" ruft Frau Frohgemut aus und wirft Liliane einen teilnehmenden Blick zu.

„Mein herzliches Beileid!" sagt ihr Sohn so, als müsse er dabei einem in Trauer geratenen Herrn einen schwarzen Anzug verkaufen. Auch das geht ihm aalglatt über die Lippen.

Liliane erwidert darauf nichts. Sie hält die Augen auf den Teller gesenkt und denkt: Hoffentlich redet er jetzt nicht taktlos über den Tod meines Vaters. Ich wäre imstande, aufzustehen und das Eßzimmer zu verlassen.

Es entsteht eine kleine Gesprächspause. Aber lange hält Joachim Frohgemut das Schweigen nicht aus. Er will Liliane einige Beweise dafür liefern, daß er sich ihrer sehr wohl erinnert.

„Sprachen Sie damals nicht von dem Brienzer See, als wenn er Ihnen ganz persönlich gehöre?" Es gelingt ihm, ein kleines Lächeln auf ihr Gesicht zu zaubern, und fährt fort: „Ich meine, Sie seien mir damals beinahe ins Gesicht gesprungen, weil ich Zweifel darüber hegte, daß es Ihr See sei."

„Das ist ein wenig übertrieben", gibt sie zur Antwort. „Aber es ärgerte mich, daß Sie meinen Worten nicht glaubten, denn ich betrachtete den See — genau wie heute noch — als meinen ureigensten Besitz. Wir Iseltwalder sprechen nur von unserem See. Dann haben Sie damals meine Freundschaft mit dem Schiffskapitän angezweifelt. Das wurmte mich ebenfalls sehr."

„Ach ja, der alte Knabe, der Schiffskapitän", behauptet

Herr Frohgemut sich zu erinnern. „Wie geht es ihm denn? Fährt er immer noch seinen Äppelkahn?"

„Auch er ist gestorben."

„Und hatten Sie nicht ein halbes Dutzend Brüder, die Sie im Kinderwagen herumschleppten? Sie sehen, ich habe nichts vergessen. Schon damals fand ich das kleine Mädchen hübsch, aber nun sind Sie geradezu ein Star geworden."

„Joachim!" tadelt seine Mutter, die sieht, wie peinlich berührt Liliane durch sein Reden ist.

Das Mädchen aber tut, als habe sie seine plumpen Schmeicheleien nicht gehört und antwortet: „Sechs Brüder habe ich nicht gehabt, und wenn es so gewesen wäre, hätte ich sie kaum allesamt zu gleicher Zeit im Kinderwagen fahren können. Es sind nur drei. Später bekamen wir noch ein Schwesterchen. Sie ist heute zwölf Jahre alt."

„Aber an Ihre Schönheit reicht sie bestimmt nicht heran, die ist nämlich unübertreffbar."

Jetzt hat Liliane endgültig genug. Sie wendet sich an Frau Madeury: „Entschuldigen Sie mich bitte. Es sieht so aus, als wolle ein Gewitter kommen. Ich meine, in der Ferne auch schon leichtes Donnern gehört zu haben. Ich möchte nachsehen, ob im Haus alle Fenster geschlossen sind."

Frau Madeury nickt ihr zu. „Ja, geh nur, Liliane, und sieh nach dem Rechten." Sie empfindet deutlich, wie unangenehm ihr Joachims Redensarten sind. Sie selbst findet sie geradezu abgeschmackt. „Du darfst Fräulein Stucki nicht so in Verlegenheit bringen", sagt sie zu ihm, nachdem Liliane das Eßzimmer verlassen hat.

„Hab ich das?" fragt er lässig zurück.

„Ich fürchte — ja. Sie ist sehr sensibel."

„Aber es ist doch die pure Wahrheit. Ich habe selten eine so bildschöne Frau gesehen. Unfaßlich, daß sie noch nicht verheiratet ist."

„Sie hätte dazu schon verschiedentlich Gelegenheit gehabt, aber sie läßt sich Zeit. Erst kürzlich hat sie wieder einen ehrenvollen Antrag bekommen." Es tut Frau Madeury im gleichen Augenblick leid, daß sie es ausgesprochen hat. Aber irgendwie möchte sie dem Schürzenjäger den Wind aus den Segeln nehmen.

Er kombiniert bereits weiter: „Aha, ich glaube, nicht fehl zu gehen in der Annahme, daß dieser junge Mann, der vor dem Hotel stand, an ihr Interesse hat."

„Du hast recht gesehen. Es ist der Besitzer des Hotels."

„Wird Liliane, ich meine Fräulein Stucki, ihn heiraten?"

Frau Frohgemut tadelt ihren Sohn. „Ich bitte dich, Joachim, das ist doch nicht deine Angelegenheit! Außerdem wäre es mir recht, wenn du deine Gedanken nicht bereits wieder um dieses reizende Fräulein kreisen ließest. Ich glaube, ein Mädchen wie sie hat es nicht nötig, darauf zu warten, bis ein Ausländer kommt, der an Vermögen und sonstigem Besitz nichts vorzuweisen hat. Bitte, laß die Hände davon!"

Joachim wirft seiner Mutter einen wütenden Blick zu. Er hat wirklich eine Riesenwut auf sie. Dann macht er gute Miene zum bösen Spiel. Zu Frau Madeury gewandt, sagt er: „Du siehst, sie behandelt mich noch immer, als wäre ich ein kleiner Junge. Das muß ich mir als fast Vierzigjähriger gefallen lassen."

„Siebenunddreißig", korrigiert ihn seine Mutter und will ihm über die Wange streicheln.

Er aber entzieht sich ihrer Hand. „Bitte, laß das!"

In der nächsten Zeit hat Liliane über Joachim Frohgemut nicht zu klagen. Er verhält sich ihr gegenüber sehr zurückhaltend und ist, wenn er überhaupt spricht, auffallend höflich. Irgendwie kommt ihr das seltsam vor. Sollte Frau Madeury ihn zurechtgewiesen haben, oder hat seine Mutter ihm Vorhaltungen gemacht? Sie traut der Sache nicht recht und vermeidet es, mit ihm ins Gespräch zu kommen.

Manchmal fragt sie sich, was nun in Wirklichkeit sein Wesen ist: die oberflächliche, von sich selbst überzeugte, oft sehr protzig wirkende Art, oder das, was er jetzt zur Schau trägt. Er gibt sich aufmerksam und zuvorkommend, und gerade dies gibt ihr zu denken. Er, der sie den schweren Handwagen allein den Berg hinaufziehen ließ, bevor Frau Madeury zugriff, um ihr zu helfen, springt galant vom Stuhl auf, wenn sie mit einem Tablett voll Geschirr das Eßzimmer verläßt. Er gibt ihr den Vortritt, wenn sie zufälligerweise gleichzeitig das Haus oder einen Raum betreten. Ja, es geht eines Tages so weit, daß er sich anbietet, ihr beim Geschirrabtrocknen oder beim Tischdecken zu helfen. Sie lehnt seine Hilfe jedoch dankend, aber bestimmt ab. Seine Hilfsbereitschaft und die fast übertriebene Höflichkeit sind ihr irgendwie zuwider. Sie traut ihm nicht.

Eines Abends befindet sie sich mit Frau Madeury allein im Wohnzimmer. Frau Frohgemut ist schon zu Bett gegangen, und ihr Sohn hat einen Stadtbummel durch Interlaken vorgezogen.

Wie beiläufig sagt Frau Madeury: „Liliane, du nimmst es mir nicht übel, wenn ich dir etwas sage?"

„Aber bitte, Frau Madeury, wie könnte ich?"

„Ich verstehe gut, daß du Joachim Frohgemut gegenüber eine gewisse Zurückhaltung übst. Seine ganze Art, besonders wie er sich in den ersten Tagen dir gegenüber aufführte, fordert das. Ich hätte es von dir gar nicht anders erwartet. Aber mir kommt es vor, als fällt es dir manchmal geradezu schwer, die Form der Höflichkeit zu wahren. Du bist ihm gegenüber sehr abweisend. Ist dir das bewußt?"

„Frau Madeury, für ein Mädchen gibt es eine gewisse Notwehr. Herr Frohgemut ist ein Mann, den man frühzeitig in seine Bahnen weisen und ihm die Grenzen klarmachen muß, wenn man nicht von ihm überrannt werden will."

„Ist er dir etwa irgendwie zu nahe getreten?"

„Nein, das nicht! Aber ich glaube, er wäre dazu imstande. Ich möchte natürlich in keiner Weise einem Gast Ihres Hauses gegenüber unhöflich sein, und es tut mir leid, wenn ich Ihren Unwillen erregt habe, Frau Madeury."

„Aber liebes Kind", wehrt diese ab, „davon ist doch nicht die Rede. Mir fiel nur dein verändertes Verhalten auf. Vielleicht ist es wirklich darauf zurückzuführen, daß er dir am Anfang seines Hierseins in ziemlich herablassender Art begegnete."

„Ja, ein diensttuender Mensch scheint bei ihm ein Mensch zweiter oder dritter Klasse zu sein."

„Ein Beweis innerer Unreife und eines Mangels an Taktgefühl und Menschlichkeit. Aber ich meine, sein Ton dir gegenüber hat sich in den vergangenen Tagen merklich geändert. Er ist jetzt höflicher, und schon einige Male habe ich beobachtet, wie er bemüht war, dir bei Tisch oder in der Küche bei irgendeiner kleinen Handreichung zu helfen."

„Gerade das macht mich stutzig. Ich habe das Gefühl, daß dies alles aus Berechnung geschieht."

„Oh, Liliane, seit wann bist du so mißtrauisch? Aber ich will dich nicht bevormunden. Du hast ein natürliches und gesundes Urteilsvermögen, um zu wissen, wie du handeln mußt."

„Danke, Frau Madeury! Ich will mich bemühen, die Pflicht der Höflichkeit nicht zu übersehen." Sie lächelt und fährt fort: „Schon als Kind pflegte meine Mutter immer zu sagen: ‚Sind höflich und ufmerksam zu de Främde. Mir sind vo ihne abhängig.' In diesem Fall bin zwar weder ich noch Sie auf unseren Besuch angewiesen, aber ich will Ihnen gewiß keinen Grund zur Klage geben, Frau Madeury."

„Du weißt, Liliane, bei all den Gästen, die durch unser Haus gehen, habe ich immer den Wunsch, daß wir ihnen etwas für ihren inneren Menschen mitgeben. Nicht immer ist es angebracht, zu ihnen etwas von unserer christlichen Einstellung zu sagen. Sie merken es ja auch an unserem Tischgebet und wenn ich am Morgen nach dem Frühstück ein Bibelwort lese und auf dem Klavier einen Choral spiele. Manchen ist dies vielleicht gar nicht angenehm, aber ich meine, jeder muß wissen, welcher Geist unser Haus beseelt."

„Ich habe den Eindruck, daß Herrn Frohgemut diese Sitten Ihres Hauses nicht behagen."

„Das mag wohl sein, zumal er als Kind keine christliche Erziehung gehabt hat. Natürlich ließen ihn seine Eltern taufen, er ist auch konfirmiert worden, aber das will im Hinblick auf die nötige Entscheidung für oder gegen Christus noch nichts sagen. Frau Frohgemut hat, so scheint es mir, erst in der Zeit größter Not, als sie von Königsberg flüchten und alles zurücklassen mußte, zu Gott gefunden. Joachim erlebte Schweres an der Front im Schlachtgetümmel und noch nach dem Kriegsende, so daß man annehmen könnte, auch er habe dem Leben gegenüber eine neue Einstellung bekommen. Es ist jedoch vielfach so, daß Not und Grauen die Menschen eher von Gott entfernen, als daß sie sie zu ihm führen. Gott wird trotzdem mit jedem fertig. Zwingen kann man keinen Menschen, aber jeder, der durch unser Haus geht, soll von unserer persönlichen Einstellung etwas verspüren."

Frau Madeury steht auf und nimmt die Bibel vom Bücherschrank, aus der sie jeden Morgen mit ihren Hausgenossen und Gästen liest. „Sieh, Liliane, hier habe ich ein Blatt eingelegt, auf dem ein Abschnitt steht, der mir gut gefällt:

Das ist der Gastfreundschaft tiefster Sinn,
daß einer dem andern Rast gebe
auf dem Wege nach dem ewigen Zuhause.

Mir ist es auch für die beiden Menschen, die wir jetzt in unserem Hause haben, ein inneres Anliegen, ihnen durch unsere Lebenshaltung und Gesinnung etwas zu vermitteln, was ihnen dient."

Liliane schweigt eine Weile. Sie denkt den Worten nach. Dann sagt sie: „Frau Madeury, Sie sprechen von uns. Ich fürchte, ich kann Ihnen dabei keine Hilfe sein, zumal in diesem Fall."

„O doch, Liliane, gerade durch Freundlichkeit und Güte, dadurch, daß wir möglichst immer gleichbleibend hilfsbereit sind. Das entspricht doch durchaus deinem Wesen. Versuche das, was dich an Herrn Frohgemut stört, zu übersehen. Begegne ihm so, als ärgere dich seine Art in keiner Weise. Das heißt nicht, daß du unaufrichtig sein sollst, aber sei gütig und nachsichtig. Weißt du, ich glaube, er hat genug Frauen kennengelernt. Vielleicht hast du die Aufgabe, ihm während der Zeit seines Hierseins zu beweisen, daß es auch andere Frauen gibt als die, mit denen er sich bisher befaßt hat."

„Als Aufgabe habe ich meinen Umgang mit Herrn Frohgemut bisher noch nicht gesehen, Frau Madeury. Dann allerdings müßte ich mich ihm gegenüber umstellen. Er ist mir von Tag zu Tag unsympathischer geworden. Alles an ihm kommt mir unklar vor. Aber ich will über Ihre Worte nachdenken, das verspreche ich Ihnen."

An diesem Abend betet Liliane wieder für Joachim Frohgemut.

Vier Wochen sind vergangen. Joachim Frohgemut muß wieder zurück nach Stuttgart. Er hat ohnehin noch eine Woche unbezahlten Urlaub genommen, um bei seiner Mutter — wenn er ehrlich ist, müßte er sagen, in der Schweiz — sein zu können, wo er zur Zeit im Vergleich zu Deutschland besser und genußreicher leben kann; außerdem kostet es ihn nichts. Doch nun kann er nicht länger vom Geschäft fernbleiben, ohne befürchten zu müssen, daß er seine Stelle verliert. Frau Frohgemut soll noch eine Zeitlang in Iseltwald bleiben. Ihr Sohn wird an einem Wochenende kommen und sie abholen.

Am Abend vor seiner Abreise setzt er sich noch einmal zu ihr. Die Trennung von ihm macht sie bereits wieder ganz elend. Seitdem er in den Krieg zog, lebt sie wie in einer Psychose, er könnte nicht wiederkommen — und weil sie ihn innerlich noch immer nicht losgelassen hat — wie dies eine Mutter einfach tun muß, wenn ihr Sohn zum Mann wird, gerät sie vor jedem Abschied geradezu in eine Panikstimmung.

„Mama", beginnt er seine Rede, „ich bin sehr beruhigt darüber, daß du noch einige Zeit hier bei Tante Henny sein kannst. Du wirst dich bestimmt blendend erholen, ich aber werde mich indessen nach einer größeren Wohnung umsehen. Auf die Dauer reichen uns zwei Zimmer nicht aus. Schließlich will ich ja auch einmal heiraten. Längst bin ich über das Alter hinaus, in dem andere eine Familie gründen, aber dieser elende Krieg hat alles durcheinander gebracht. Ich habe mir ernstlich vorgenommen, nicht länger zu warten. Bis spätestens in einem halben Jahr werde ich heiraten."

Die Mutter sieht ihn erschrocken an. „Um alles in der Welt, Junge — wen denn? Und so überstürzt?"

Es ist nicht das erste Mal, daß er von Heiratsplänen spricht, und mehr als einmal hat er ihr eine sogenannte Freundin ins Haus gebracht, von der er behauptete, dies sei nun ganz gewiß die richtige. Aber nie hat sie ihm zustimmen können, weil sie jedesmal das Gefühl gehabt hat, daß es sich um ein oberflächliches Mädchen handle, das ihm bei seiner Wankelmütigkeit keine Stütze sein konnte. Immmer war sie froh, wenn die Sache dann wieder auseinanderging. Von manchen seiner Bekanntschaften hat sie gar nichts gewußt, weil er sie überhaupt je länger desto weniger an seinem Privatleben teilnehmen ließ. Nie aber ist sie die Sorge um ihn losgeworden, daß er sich eines Tages doch an eines dieser leichtfertigen Mädchen binden könnte.

Nun erklärt er plötzlich hier in Iseltwald noch vor seiner Abreise, daß er in Kürze heiraten werde. Wen hat er denn nun schon wieder aufgegabelt in den wenigen Wochen ihres Aufenthaltes in der Schweiz?

„Interessiert es dich eigentlich nicht, wen ich zu heiraten gedenke?" fragt er jetzt, bereits ein wenig ungeduldig.

„Joachim", erwidert Frau Frohgemut, „deine Ankündigung versetzt mich in Erstaunen. Es ist nicht das erste Mal, daß du vom Heiraten sprichst, aber ich kann mir nicht denken, wen du in den paar Wochen hier in Iseltwald oder bei deinen Ausflügen so genau kennengelernt haben willst, daß du jetzt schon vom Heiraten sprichst. Ehe ich dazu Stellung nehme — wenn dir überhaupt etwas daran liegt —, würde ich das Mädchen oder die Frau, die du mir als Schwiegertochter bringen willst, schon gerne einmal sehen."

Joachim lacht belustigt. „Das kann ich mir denken! Eigentlich sollte ich dich raten lassen."

„Wie könnte ich, wo ich doch nicht die geringste Ahnung von deiner neuen Bekanntschaft habe. Oder sollte dir eine deiner verschiedenen Freundinnen hierher nachgereist sein?"

„Nichts von alledem, Mama. Aber nun will ich dich nicht länger auf die Folter spannen. Du kennst sie. Es ist Liliane, Liliane Stucki, die Hausgehilfin, oder, wie sie sich auszudrücken beliebt, die Haustochter von Tante Henny."

Frau Frohgemut sieht ihren Sohn an, als zweifle sie an seinem Verstand. Dann wiederholt sie: „Liliane Stucki? Achim, ich glaube, du machst einen Scherz!"

„Es ist mein voller Ernst, Mama."

„Ja, aber — aber, hast du denn schon mit ihr gesprochen? Will sie dich überhaupt? Glaubst du, daß ein Mädchen wie sie ..."

„Einen solchen Mann nimmt, wie ich es bin? Das meinst du doch, Mama, nicht wahr?" Wieder lacht er laut, als handle es sich in der Tat um einen Scherz. „Aber zur Sache: Was würdest du zu dieser Schwiegertochter sagen? Gefällt sie dir nicht?"

„Gefallen? Joachim, ich habe nie eine nettere, sympathischere junge Frau gesehen als sie. Sie ist mir in diesen Wochen wie ein Sonnenstrahl vorgekommen, die ich seit Jahren nur in Kümmernissen und im Schatten lebe."

„Na, Mama, so schlimm war es doch nicht. Gewiß, du hast viel Schweres durchgemacht, die Flucht, den Verlust deines Vermögens, deines kostbaren Schmuckes, aber das ist Tausenden anderen auch nicht erspart geblieben. Schließlich haben wir beide uns doch wiedergefunden, und wenn wir uns auch nicht immer gut verstanden haben, so war doch einer für den anderen da. Wir werden ja auch nicht immer in so kümmerlichen Verhältnissen leben. Ich habe bereits eine gute Stelle, und es wird mir auch gelingen, eine größere Wohnung zu finden, denn wenn ich Liliane heirate, reichen uns zwei Zimmer nicht."

„Du sprichst mit einer mich geradezu erschreckenden Sicherheit davon, daß du sie heiratest. Hast du denn ihr Wort, daß sie dich heiratet?"

„Bis jetzt noch nicht, aber ich zweifle keinen Augenblick daran, daß es soweit kommt. Sieh, Mama, ich habe lange genug gewartet. In drei Jahren bin ich Vierzig. Da sehnt man sich dann doch langsam nach einem steten Glück, nach einem Menschen, der einen umsorgt und einem ein gemütliches Heim bereitet. Ich meine einfach, es sei jetzt Zeit."

„Sie wird dich nicht nehmen, Joachim!"

„Wieso nicht?" braust er auf. „Bin ich ein so unansehnlicher oder gar unausstehlicher Mensch?"

„Wie kannst du deine Mutter so etwas fragen? Du weißt doch, ich lebe nur für dich. Glaube nur nicht, daß es mir leicht fallen wird, dich an einen anderen Menschen, an eine Frau, abzutreten. Aber du hast ein Anrecht auf dein eigenes Leben, und nichts wünschte ich so sehr, als daß du ein anständiges, charakterfestes Mädchen finden möchtest. Doch solche Mädchen sind rar, und sie haben ein Gespür dafür, ob ein Mann ihrer würdig ist oder mit ihnen spielt."

„Also Mama, ich muß doch bitten! Du traust mir wahrhaftig nicht viel Gutes zu. Es mag sein, ja sicher ist es so, daß ich im Laufe der Jahre manches Techtelmechtel hatte — aber das muß ja schließlich einmal aufhören. In den Wochen meines Hierseins habe ich Liliane beobachtet. Ich könnte sie mir als die Mutter meiner Kinder gut vorstellen."

„Aber sie ist doch viel zu jung für dich."

„Was heißt zu jung? Zwölf Jahre bedeuten nichts. Und gerade von dieser Sicht werde ich einmal, wenn ich der Hilfe und Pflege bedarf, von einer jüngeren Frau mehr haben als von einer, die sich schon selbst mit Altersbeschwerden herumplagt und wie ein flügellahmer Rabe um mich herumhinkt."

„Joachim, das ist keine Sache, über die man sich lustig macht! Ehrlich gesagt — nimm es mir nicht übel — aber dieses Mädchen würde mir leid tun, wenn es deine Frau werden würde."

„Das ist die Höhe! Und ich hatte mir eingebildet, daß du in einen Freundenrausch fällst, wenn ich dir mein Vorhaben mitteile."

„Joachim, niemand könnte glücklicher sein als ich, wenn Liliane deine Frau werden würde. Aber sie nimmt dich nicht, das weiß ich genau."

„Wetten, Mama? Was bekomme ich, wenn sie es nun doch wird?"

Frau Frohgemuts Augen füllen sich mit Tränen. Ihre zitternde Hand greift nach der rechten ihres Sohnes. „Wie kannst du mich nur so herzlos an meine Armut erinnern? Was könnte ich dir geben? Du weißt, alles, was wir besaßen, war dir zugedacht, und es war nicht wenig. Du, als unser einziger Sohn hättest ein stattliches Erbe angetreten. Schon dein Großvater und auch dein Vater, alle hatten vorgesorgt ..." Sie beginnt nun wirklich zu weinen. „Was ist davon geblieben? Nichts — nichts. Bettelarm sind wir."

„Sage das nicht so theatralisch, Mama. Du weißt, die Sache, die ich eingereicht habe, läuft. Sie ist, wie man mir auf dem Amt sagte, in vollem Gang. Ich habe zum Glück drei Zeugen vorweisen können, die bestätigen, daß wir in Königsberg einen großen Besitz hatten. Zumindest werden wir so viel bekommen, daß wir uns neu einrichten und notwendige Anschaffungen machen können. Ich weiß von anderen, was ihnen an Lastenausgleich gegeben wurde."

„Ach Junge, davon sprichst du nun schon lange. Ich glaube nicht mehr daran."

„Du wirst es erleben, Mama. Und dann noch was: Es ist zwar nicht das Ausschlaggebende, aber immerhin nicht zu verachten: Tante Henny spricht doch immer von Liliane als von ihrer Tochter —"

„Haustochter. Das ist hier in der Schweiz ein herkömmlicher Begriff, aber nicht unbedingt mit Tochter zu verwechseln."

„Jedenfalls besteht doch ein sehr persönliches Verhältnis zwischen den beiden, wenn sie auch nicht per du sind. Meinst du nicht auch, daß Liliane einmal ganz schön erben wird, wenn Tante Henny stirbt?"

„Joachim, so also spekulierst du? Ich finde das —"

Frau Frohgemut sucht nach einem passenden Ausdruck, aber ihr Sohn fährt ungerührt fort: „Schließlich ist Liliane bereits acht Jahre im Haus und so, wie ich Tante Henny einschätze, wird sie ihr zumindest eine erstklassige Aussteuer mitgeben, sicher auch ein Barvermögen."

Die Mutter legt die Hand auf die Stirn. „Achim, bitte, hör jetzt auf. Ich fürchte, ich bekomme wieder meine Migräne. Aber das sage ich dir noch einmal: Schlage dir Liliane aus dem Kopf. Sie ist zu schade für dich!"

Jetzt springt Joachim wütend auf. „Nun ist's aber genug! Das sagst du mir, die du mich stets und ständig vor allen Menschen in den Himmel gehoben, meine Vorzüge gepriesen und mich bis zum heutigen Tag in affenartiger Liebe umsorgt hast und behüten wolltest? In deinem Stolz auf mich hast du dich oft lächerlich gemacht, und nun — nun —"

Erregt geht er im Zimmer auf und ab.

Frau Frohgemut aber läßt die welken Hände in den Schoß sinken. Klein und zerbrechlich wirkt sie, als sie mit leiser Stimme antwortet: „Du hast leider nur zu recht, Joachim. In den Jahren der Not, die hinter mir liegen, ist es mir längst klar geworden: Ich habe aus dir einen Abgott gemacht. Nicht nur, daß ich dich maßlos verwöhnte, ich habe dich auch vor anderen gerühmt und dich als einen außergewöhnlichen Menschen dargestellt, wo es gar nichts zu rühmen gab. In meinen vielen schlaflosen Nächten in der Nervenklinik und auch danach ist mir dies alles zum Bewußtsein gekommen."

„Naja, da warst du ohnehin nicht normal, Mama", antwortet eiskalt und geradezu herzlos der Sohn.

Frau Frohgemut aber fährt fort. Es ist, als sei ein Damm gebrochen und als müsse sie ihr Herz nun erleichtern: „Schon als du noch ein Kind warst, habe ich es falsch gemacht. Wenn du nicht Lust hattest, zur Schule zu gehen, gabst du vor, Leibschmerzen oder Kopfweh zu haben. Anstatt dir Mut zu machen, gab ich nach und schrieb eine Entschuldigung. So gewöhntest du dich daran, in die Krankheit zu flüchten. Wenn du eine schlechte Zensur nach Hause brachtest, warst nicht du, sondern der Lehrer schuld. Hattest du Streit mit mit anderen Kindern, habe ich stets sie beschuldigt und dich blindlings verteidigt."

Joachim steht vor der Mutter und blickt sie kopfschüttelnd an. „Mutter, dein Zustand scheint mir auch heute besorgniserregend. Meinst du nicht, ich sollte den Arzt kommen lassen, bevor ich morgen abreise? So wirr hast du doch sonst nie gesprochen."

„Ich bin bei vollem Bewußtsein und so klar wie selten vorher. Ich muß jetzt einmal aussprechen, was mich schon lange bewegt und quält. In unerhörter Klarheit sah ich dies alles vor mir in jener Zeit, da mir jeder Besitz aus den Händen geschlagen worden war und ich nichts, aber auch gar nichts mehr besaß. Damals wußte ich nicht, wo ich dich suchen sollte. Du warst im Krieg und verschollen. Da habe ich nur noch den einen Wunsch gehabt: O Gott, laß mich meinen Sohn wiederfinden! Gutmachen kann ich das nicht mehr, was ich in falscher Erziehung und in törichtem Mutterstolz jahrelang falsch gemacht habe, aber meine neuen Erkenntnisse möchte ich noch einmal vor ihm aussprechen können und ihn bitten, sein Leben anders als bisher einzurichten, ja, ihn warnen, so oberflächlich weiterzumachen."

„Und warum sagst du mir das alles erst heute?"

„Ach Joachim, als du mich damals in der Nervenklinik im Park fandest, zu einer Stunde, da ich überhaupt nicht mehr mit einem Wiedersehen zu rechnen wagte, überfiel mich die Freude derartig, daß ich nur noch eines denken konnte: Ich habe ihn wieder, meinen Sohn, mein Kind, das ich schon totgeglaubt hatte. So ist es ja bei uns Menschen: Wir haben wohl gute Vorsätze, aber dann vergessen wir sie wieder. So begann ich dich wie vormals weiter zu verwöhnen, ich wurde aufs neue blind für deine Schwächen, gab dir nach, wo ich mich deinen Wünschen und Forderungen hätte widersetzen müssen, und —"

„Behandeltest mich, auch nachdem ich aus dem Krieg gekommen war, wie ein unmündiges Kind. Siehst du, Mama, da ist dann der Trotz und der Widerspruch in mir aufgestanden, und ich habe vorsätzlich genau das Gegenteil von dem getan, was du erwartet hast. Ja, du bist nicht unschuldig an dem, was aus mir geworden ist."

Frau Frohgemut legt ihre Hände vors Gesicht. Ein Stöhnen entringt sich ihrer Brust. Dann blickt sie ihren Sohn an und spricht weiter: „Joachim, ich habe mich jahrelang so gut wie gar nicht um Gott gekümmert. Auch darin wurde ich schuldig; denn ich versäumte ebenso in deiner Erziehung wie auf anderen Gebieten das Wichtigste. Ich habe nie mit dir gebetet. Wir sind, als du noch ein Kind warst, nie mit dir zur Kirche gegangen, höchstens anläßlich deiner Konfirmation. Es ging uns ja so gut. Das Geschäft florierte, wir litten keine Not. Aber als sie dann über mich kam, da hat im Lager eine ganz einfache Flüchtlingsfrau aus Elbing mir den Weg zu Gott gezeigt, und in den Augenblicken, als ich meinte, nicht mehr leben zu können, hat sie mit mir gebetet. Joachim, damals habe ich zu Gott gefunden."

Dieser starrt seine Mutter an, als zweifle er — je länger desto mehr — an ihrem Verstand. Er begreift sie einfach nicht.

Sie aber fährt fort: „Als wir uns dann nach den Jahren der Trennung wiederfanden, fehlte mir der Mut, mit dir offen über diese meine neuen Erkenntnisse zu sprechen. Du erinnerst dich an den Chefarzt der Nervenklinik. Er war ein frommer Mann. Ihm habe ich es zu verdanken, daß ich mir in jener dunklen Zeit der Hoffnungslosigkeit nicht das Leben genommen habe."

„Ach Mama, was soll das alles? Komm, du regst dich nur unnötig auf und kannst heute nacht wieder nicht schlafen."

„Nein, Joachim, laß mich zu Ende reden. Mir ist, als müsse ich dir dieses alles vor meinem Tode sagen. Oft bin ich so schwach, daß ich meine, er sei nicht fern. Hier bei Tante Henny ist mir klar geworden, daß ich im Grunde in jener Zeit, als wir noch im Reichtum lebten, der ärmste Mensch gewesen bin. Der bleibende Reichtum, nämlich der, den man bei Gott findet, liegt offen vor mir, ich brauche nur zuzugreifen. Wenn ich Henny beobachte, wie sie mit innerer Gelassenheit durch den Tag geht, obgleich auch sie ihren Mann verloren und mit mancherlei körperlichen Beschwerden zu tun hat, wenn ich sehe, wie sie jedem Tag einen Inhalt und einen Sinn gibt, dann gehen mir die Augen auf für die Sinnlosigkeit meines Lebens. Ich kann nichts mehr gutmachen, keine Versäumnisse einholen. Mein Leben neigt sich dem Ende zu, aber um dich bange ich. Ich hätte strenger und konsequenter mit dir umgehen sollen. Die Vorwürfe, die ich mir selber mache, lassen mich unruhig und unfähig zu allem anderen werden.

Nun komme ich zum Schluß. Diese Liliane hat mir in den Wochen unseres Hierseins eine stumme, aber klare Predigt gehalten. Aufrecht und fröhlich geht sie ihren Weg, verrichtet alle Arbeit ohne Murren, ist immer höflich und zuvorkommend. Manchmal habe ich gedacht: Wenn ich doch nur eine solche Tochter hätte! Wie schön müßte das Zusammenleben mit ihr sein."

In diesem Augenblick klopft die Genannte an die Tür und bittet zum Abendessen. Das Gespräch zwischen Mutter und Sohn findet damit ein Ende. Frau Frohgemut kann kaum einen Bissen zu sich nehmen. Sie ist innerlich total aufgewühlt.

Am nächsten Tag reist Joachim ab. Höflich bedankt er sich

bei Frau Madeury. „Es waren herrliche, unvergeßliche Wochen, die ich in deinem Hause erlebte. Vieles habe ich mit anderen Augen sehen gelernt als damals vor siebzehn Jahren, wo ich als unreifer junger Mann an allem Kritik übte. Heute —", er spricht laut und betont, daß Liliane, die in der Küche beschäftigt ist, es verstehen soll, „heute erkenne ich auch die Schönheit Iseltwalds, die Lieblichkeit des Brienzer Sees und die einzigartige Gewalt der ihn umgebenden Berge. Ganz besonders aber hat mich der Friede und die Harmonie deines Hauses beeindruckt. Ich habe direkt gespürt, wie diese Atmosphäre nach mir griff und mich ruhiger und ausgeglichener werden ließ. Ich danke dir von Herzen, Tante Henny! Erlaube mir —", er umarmt sie und küßt sie behutsam auf die Wange.

Frau Madeury sieht ihn fragend an. Sollte in diesen Tagen wirklich eine Wandlung in ihm vorgegangen sein? Kann man seinen aalglatten Worten trauen? Redegewandt ist er immer gewesen, doch nie steckte etwas dahinter. Im gleichen Augenblick schilt sie sich wegen ihres Mißtrauens. War es ihr nicht in diesen Tagen und Wochen ein inneres Anliegen, daß ihre beiden Gäste durch Gottes Wort und vom Geist des Hauses angerührt würden? Warum sollte nicht auch an Joachim etwas geschehen sein? Hat sie nicht inständig dafür gebetet?

So vermag sie dem Sohn ihrer Freundin nun warmherzig zu erwidern: „Ich freue mich, Joachim, daß du dich bei uns wohlgefühlt hast. Gerne wollen wir deine Mutter in der Zeit ihres weiteren Hierseins noch eine liebevolle Betreuung zukommen lassen. Dir aber wünsche ich, daß du gesund an Leib und Seele deinen Weg gehen mögest. Wir werden uns dann wiedersehen, wenn du deine Mutter hier abholst. Vielleicht kannst du ein verlängertes Wochenende nehmen, um auch noch ein, zwei Tage hier zu verbringen."

Joachim läßt die Wünsche für „Leib und Seele" in schauspielerisch gelungener Zustimmung über sich ergehen und nimmt beglückt die neue Einladung von Frau Madeury an.

„Danke, Tante Henny! Ich komme gern wieder."

Dann geht er in die Küche. „Fräulein Liliane, darf ich mich von Ihnen verabschieden und Ihnen herzlich danken für alle Mühe, die Sie mit uns hatten und die Sie mit meiner Mutter noch weiterhin haben werden? Sie haben alles immer so tadellos vorbereitet, geradezu hervorragend gekocht und unsere Zimmer so hübsch in Ordnung gehalten. Glauben Sie nur nicht, daß es mir entgangen ist, wie Sie immer wieder für frische Blumen gesorgt haben."

Sie entzieht ihm ihre Hand, die er nach ihrem Empfinden zu lange in der seinen hält, und antwortet: „Ich habe nur meine Pflicht getan, Herr Frohgemut, und das, was Frau Madeury angeordnet hat." Er soll doch nicht denken, daß sie aus irgendeinem persönlichen Interesse Blumen in sein Zimmer gestellt hat.

„Und noch eins, Fräulein Liliane", fährt er fort. „Wenn ich in den ersten Tagen meines Hierseins nicht gerade entgegenkommend und liebenswürdig zu Ihnen war, dann möchte ich um Entschuldigung bitten. Ich konnte ja nicht ahnen, in welchem persönlichen Verhältnis Sie zu Frau Madeury stehen, auch habe ich Sie nicht wiedererkannt. Das herzige kleine Mädchen im roten Mäntelchen, dem ich damals hier begegnet bin, hatte ich natürlich nicht vergessen, aber daß es mir in solcher Vollkommenheit hier in den Weg treten würde, hätte ich mir nicht vorzustellen gewagt."

Lilianes Gesichtsausdruck wird kühl, um nicht zu sagen, abweisend. „Letzteres, Herr Frohgemut, betrachte ich als Redensart. Man merkt, daß Sie gewöhnt sind, Komplimente zu machen. Aber zu dem, was Sie zuvor sagten, möchte ich Sie etwas fragen: Wenn ich also in Ihren Augen nur das Dienstmädchen gewesen wäre, hätten Sie es nicht für nötig gefunden, mir gegenüber höflich und zuvorkommend zu sein, denn —"

Er unterbricht sie. „Aber Fräulein Liliane, Sie beurteilen mich falsch, ich — ich —"

Ehe er weiter stottern kann, fährt sie fort: „Wenn Sie dahin kommen, einer treuen und gewissenhaften Hausangestellten die gleiche Achtung und Ehrerbietung entgegenzubringen, können Sie sich alle weiteren Komplimente sparen. In meinen Augen ist ein zuverlässiges, pflichtbewußtes Dienstmädchen weit mehr als eine reizende Dame, die ihr Leben vertändelt und ihm keinen Inhalt gibt."

Wie ein begossener Pudel steht Joachim Frohgemut vor Frau Madeurys Haustochter. Doch dann faßt er sich. „Ihre Zurechtweisung ist berechtigt, Fräulein Liliane. Ich habe nichts Ergänzendes zu meiner Rechtfertigung hinzuzufügen, nur noch eine Bitte: Darf ich Ihnen schreiben?"

Sie möchte mit demselben unzweideutigen „Nein" wie damals antworten, als er ihr, dem kleinen Mädchen, eine Ansichtskarte vom Meeresstrand in Aussicht stellte, bevor er nach Königsberg zurückreiste und ihr die Frage stellte: „Soll ich dir einmal schreiben?" Damals hatte sie im Gedenken an den Vater dies strikt abgelehnt. Er hatte es ihr verboten, mit diesem oberflächlichen, dummdreisten Fremden irgendein Gespräch zu führen. Heute würde sie es gerne genauso machen. Sie hatte auch nicht das geringste Interesse an einem Brief von ihm. Aber im gleichen Augenblick denkt sie an Frau Madeurys Mahnung: Sei freundlich und entgegenkommend! Wir haben an unseren Gästen eine Aufgabe zu erfüllen ... Und sie überwindet sich und antwortet, wenn auch nicht zustimmend, doch nicht ganz so schroff, wie das strikte Nein geklungen hätte: „Sie kommen ja in Kürze wieder, um Ihre Mutter abzuholen."

Joachim versteht die Ablehnung, gibt sich aber noch nicht geschlagen. Er hat Zeit. Es wäre gelacht, wenn er diese bildhübsche Frau, die ihm je länger desto begehrenswerter vorkommt, nicht dahin bringen könnte, wo er sie haben will. Selbst, wenn er zum Schein fromm würde! So beugt er sich tief über ihre Hand und murmelt noch einmal seinen Dank. Am liebsten würde er ihr die Hand küssen, wie es in Ostpreußen Sitte war, aber er will sie nicht erschrecken. Im Gegensatz zu anderen Frauen muß er bei ihr behutsam vorgehen.

Seine Mutter und Tante Henny begleiten ihn zum Schiff. Zu gerne hätte er gesehen, wenn auch Liliane mitgegangen wäre. Sie tritt nur vor die Haustür, um ihm noch einmal freundlich, aber ohne jede persönliche Beziehung nachzuwinken – wie sie es bei jedem anderen Gast auch tut.

Als sie Frau Madeury fragt, ob sie mit dem Handwagen das Gepäck zum Steg fahren solle, winkt diese ganz entschieden ab: „Nein, das soll er nur selbst tun." Sie ist dafür dankbar.

Für Joachim aber ist es eine gewisse Enttäuschung. Er hatte sich bereits vorgestellt, wie er galant abgelehnt hätte, wenn sie mit dem Handwagen gekommen wäre: „Nein, Fräulein Liliane, das kommt gar nicht in Frage. Dieses Mal ziehe ich den Wagen." Dann hätte sie es sich wahrscheinlich nicht nehmen lassen, es dennoch selbst zu tun. Er aber hätte ebenfalls die Deichsel ergriffen und mit ihr gemeinsam das Gepäck zum Schiff gebracht. Er wußte zu genau, was eine scheinbar zufällige Berührung bei einem Mädchen auslösen konnte. Aber damit war es nun nichts. Und wieder sagte er sich: Ich kann warten. Meine Zeit kommt noch.

Am Nachmittag desselben Tages hält ein Auto vor Frau Madeurys Haus. Der Name eines bekannten Blumengeschäftes ist darauf zu lesen. Ein Bote bringt drei große Sträuße.

Rosa Nelken für Frau Frohgemut, gelbe Teerosen für Frau Madeury und einen prächtigen Strauß langstieliger dunkelroter Rosen für Liliane. Sie weiß nicht, wie ihr geschieht. Es ist das erste Mal, daß sie dunkelrote Rosen geschenkt erhält. Wie sehr würde sie dieser Gruß freuen, wenn er von einem anderen Menschen gekommen wäre! Liliane holt drei passende Vasen, um die Blumen ins Wasser zu stellen.

„Was hat sich Joachim bloß dabei gedacht?“ staunt Frau Madeury. „Welch ein Aufwand! Gewiß wollte er uns allen damit eine Freude machen.“

Die beiden Damen blicken nachdenklich auf den herrlichen Strauß, der für Liliane abgegeben worden ist. Ihre Gedanken gehen ähnliche Wege. Frau Frohgemut meint, das gestrige Gespräch mit ihrem Sohn noch einmal zu erleben. Sie sieht das errötete Mädchen vor sich und denkt: O Liliane, hätte ich eine solche Tochter, wie du es bist! Aber sie ist nach wie vor sicher, daß Joachims Anliegen ein Wunschtraum bleiben wird. Nie wird Liliane einwilligen, seine Frau zu werden.

Rote Rosen? denkt Frau Madeury, was bedeutet das? Er wird sich doch nicht einbilden, daß — nein — bei allem, was sie dem Sohn ihrer Freundin Gutes wünscht, nie würde sie dem Gedanken Raum geben können, daß Liliane diesen Menschen heiratet. Mit aller Überzeugungskraft würde und müßte sie davon abraten. Welche Torheit, sich auch nur gedanklich damit abzugeben! Liliane würde bestimmt nie und nimmer daran denken, dies zu tun.

Die nächste Mahlzeit verläuft ziemlich schweigsam. Jede der Frauen beschäftigt sich mit dem großzügigen Blumengruß, jede auf eine andere Art.

Liliane hat die Rosen nicht in ihr Zimmer, sondern ins Eßzimmer gestellt. Diese Tatsache ist von den beiden anderen Frauen registriert worden.

Sie schätzt den Strauß nicht, denkt Frau Frohgemut, weil sie mit Joachim nichts zu tun haben will. Trotz allem befällt sie eine gewisse Traurigkeit. Sie hat es ja von vornherein gewußt.

Ich muß Liliane fragen, warum sie den Strauß nicht in ihr Zimmer gestellt hat, denkt Frau Madeury und empfindet darüber eine gewisse Beruhigung. Als sie etwas später das Mädchen daraufhin anspricht, antwortet dieses: „Im Eßzimmer können wir uns alle daran freuen." Nach einem Augenblick des Schweigens meint sie: „Im übrigen braucht Herr Frohgemut mir keine Rosen zu schenken. Das verpflichtet nur. Und das möchte ich nicht."

Frau Madeury ist beruhigt, obgleich sie im Grunde genommen von Liliane kein anderes Verhalten erwartet hat.

In der nächsten Nacht liegt Joachims Mutter wieder einmal schlaflos. Oh, sie kennt ihren Sohn! Er hat sich in den Kopf gesetzt, Liliane zu erobern und wird alles daransetzen, sein Ziel zu erreichen. Aber dieses Mal, daß weiß sie, wird er kein Glück haben. Das Mutterherz ist hin und her gerissen. Sie weiß, ihr leichtsinniger Sohn ist ein solches Mädchen nicht wert. Andererseits könnte sie sich persönlich nichts Schöneres vorstellen, als Liliane als Schwiegertochter zu bekommen. Welch ein anderer Geist würde da in ihre Wohnung, in ihr Leben einziehen! Sie sehnt sich geradezu danach, jetzt, nachdem sie eine neue Erkenntnis über den Sinn ihres Daseins gewonnen hat. Aber auch für Joachims Leben wäre es eine Bereicherung, eine solche Frau an seiner Seite zu haben! Welch ein beglückendes Familienleben könnte aus einer solchen Verbindung entstehen! Nein, sie darf nicht im Entferntesten mit solchen Gedanken spielen. Liliane würde an der Seite ihres Sohnes nicht glücklich werden. Kann er überhaupt treu sein, er, der wie ein Schmetterling von Blume zu Blume – von einem Mädchen zum anderen – geflogen ist?

„Du siehst bleich und übernächtigt aus, Gretchen", sagt Frau Madeury am anderen Morgen zu ihrer Freundin. „Hast du keine gute Nacht gehabt?"

„Ich habe keine Stunde geschlafen."

„Wie kommt das? Macht dir die Trennung von Joachim etwa so viel aus? Es dauert nicht mehr lange, dann seid ihr wieder beieinander."

„Es ist nicht die Trennung, es ist ..." Sie sucht nach Worten.

Diskret erhebt sich Liliane vom Kaffeetisch und verläßt das Zimmer. Gewiß wollen die beiden lieber allein sein. Joachims Mutter tut ihr leid. Sie sieht heute morgen wirklich vergrämt und sehr müde aus.

Indessen versucht Frau Frohgemut, ihrer Freundin Einblick in die Sorge zu gewähren, die ihr Herz in Gedanken an Joachim erfüllt. Sie tut es, ohne auf das betreffende Gespräch vor seiner Abreise zu sprechen zu kommen. Irgendeine Scheu hält sie zurück, Frau Madeury zu sagen, daß sich ihr Sohn in den Kopf gesetzt hat, Liliane zu heiraten. Weiß sie denn, ob er auf der Rückreise im Zug nicht bereits wieder eine Bekanntschaft gemacht hat, die ihm noch mehr imponiert? Doch muß sie irgendwie ihr Herz erleichtern. „Henny", beginnt sie, „kannst du verstehen, daß ich wünschte, Joachim würde endlich eine gute Frau finden? Wie lange werde ich ihn noch versorgen und betreuen können? Er aber läßt es sich gedankenlos gefallen."

„Wird es dir nicht schwer sein, einer Schwiegertochter die Fürsorge für Joachim zu überlassen? Du bist mit ihm doch sehr verbunden. Er ist dein ein und alles. Es würde bedeuten, daß du ganz zurückzutreten und dich in das Eheleben der jungen Leute nicht einzumischen hättest. Das bedarf großer Weisheit. Immer ist es schwierig, wenn ein Sohn zu lange von der Mutter abhängig war."

„Henny, ich verstehe dich gut, aber glaube mir, Joachim hat sich innerlich längst von mir losgesagt, viel früher, als ich erkannte, daß ich als Mutter ihn auch loslassen muß. Erst mit der Zeit und in den Tagen größter Not sind mir darüber die Augen aufgegangen, daß ich manches falsch gemacht und in seiner Erziehung viel versäumt habe. Noch heute verfalle ich öfter in den alten Fehler, aber ich ringe darum, daß ich lerne, ihn freizugeben."

Frau Frohgemut schweigt erschöpft. Dennoch war es ihr ein Bedürfnis, ihrer Freundin zu sagen, was sie bewegt und was wie ein Gewicht auf ihr lastet.

Frau Madeury scheint es zu empfinden und läßt sie gewähren. Sie nimmt sich Zeit, obgleich sie sich für diesen Morgen verschiedene Arbeiten vorgenommen hat.

Frau Frohgemut fährt fort: „Joachim hat schon etliche Mädchen, die er heiraten wollte, nach Hause gebracht. Aber nie war eins darunter, das ich mir als meine Schwiegertochter hätte vorstellen können."

„Verzeih, Gretchen, ist das nicht auch ein Fehler deinerseits? Nicht dir muß das Mädchen in erster Linie gefallen, sondern deinem Sohn."

„Gewiß, Henny, du hast recht! Aber ich kenne Joachim und weiß, wie er sich von einem hübschen Gesicht blenden läßt, von einer guten Figur und von auffallenden, modischen Kleidern. Wer will es mir als Mutter verargen, wenn ich bei der Frau, die einmal die Mutter meiner Enkel werden soll, auch Tugenden suche wie Häuslichkeit, Sparsamkeit, liebevolles Wesen und eine Rücksichtnahme älteren Menschen gegenüber."

Frau Madeury blickt ihre Freundin an, als sähe sie sie zum ersten Mal.

„Gretchen, in dir ist eine Wandlung vorgegangen", sagt sie. „So hättest du früher nie gesprochen."

„Gott hat mich erst durch die Schule des Leidens führen müssen, und was ich bis jetzt nicht erkannte, das ist mir in den Wochen unseres Hierseins klar geworden. Die tägliche Bibellese hat mir die Augen geöffnet für Dinge, denen ich früher keinen Blick schenkte."

Impulsiv erfaßt Frau Madeury die Hände der Freundin. „O Gretchen, wie bin ich dankbar! Das ist mehr, als ich zu hoffen wagte."

„Kannst du nun auch verstehen, Henny, wie sehr ich wünsche, daß Gott meinem Sohn eine Frau in den Weg stellt, die anders ist als diejenigen, von denen er sich bisher umgaukeln ließ?"

„Doch, unbedingt! Zwar meine ich — sei mir nicht böse, wenn ich das so offen ausspreche —, er hat in der Kriegszeit, bei seiner Verwundung und den schweren Malariaanfällen wohl genug Gelegenheiten gehabt, in sich zu gehen. Oft erkennen junge Menschen ja erst viel später, was sie in den besten Jahren ihres Lebens versäumt haben. Wir wollen nicht aufhören, dafür zu beten, daß Joachim zur Einsicht kommt. Er ist ein befähigter Mensch, aber leider sehr oberflächlich."

„Henny, früher hätte ich solche Worte nicht widerspruchslos hingenommen, weil ich Kritik an meinem Sohn kaum ertrug und sie als Angriff gegen mich selbst wertete."

„Es sollte bestimmt keine lieblose Kritik sein, Gretchen."

„Nein, nein, so habe ich es auch nicht aufgefaßt. Ich wollte dir nur sagen, daran erkenne ich, daß ich nicht mehr so blind bin gegenüber den Schwächen meines Sohnes wie früher. — Wie denkst du darüber, Henny? Wenn nun Joachim plötzlich einem Mädchen begegnen würde, das anders ist als die bisherigen seiner Freundinnen — solide, fromm und bescheiden —, könnte ein solches Mädchen ihn nicht derartig beeinflussen, daß er sich grundlegend ändert?"

Zutiefst erschrocken denkt Frau Madeury: Sie meint Liliane. Ganz bestimmt, sie spricht von ihr! Nur das nicht, nein, dieses saubere, hochanständige Mädchen soll sein Leben nicht an diesen Hallodri vergeuden! Sie ist so sensibel, sie würde an seiner oberflächlichen und unwahren Art ja zerbrechen.

Frau Frohgemut wartet auf eine Antwort. Sie darf ihr Zögern nicht merken. So sagt sie: „Es müßte wohl ein ziemlich widerstandsfähiges Mädchen sein, auf keinen Fall überempfindsam, mit einem starken Charakter, um Joachim führen zu können. Aber — ob er sich führen ließe? Und ob ein solches Mädchen —" Sie, die schon so manche Situation gemeistert hat, die es auch versteht, ihre Gedanken zu formulieren, zögert nun, weiterzusprechen.

Frau Frohgemut ahnt die Gedankengänge der Freundin. Sie sind ähnlich wie die ihren. Es macht sie traurig, diese Reaktion auch bei Frau Madeury zu spüren. Wie soll es denn mit Joachim anders werden, wenn er nicht einmal einem solchen Mädchen begegnet und durch dieses etwas völlig Neues kennenlernt? Nur durch eine wahre, gütige, korrekte, christliche Frau könnte das geschehen.

Beide schweigen eine Weile.

Dann fährt Frau Frohgemut fort: „Henny, verstehst du, daß mir das Herz schwer ist, wenn ich an meinen Sohn denke? Das war auch der Grund, warum ich in dieser Nacht nicht schlafen konnte. Auf der einen Seite wünsche ich nichts sehnlicher, als daß ein wertvolles Mädchen Joachim heiratet, andererseits würde ich um dieses Mädchen bangen, weil es an der Seite meines Sohnes todunglücklich wäre. Wenn er seinen bisherigen Lebenswandel nicht ändert — und wer garantiert mir, daß er es tut —, selbst wenn er es hoch und heilig versprechen würde —" Sie seufzt tief auf. „Er hat schon so viel versprochen und es nicht gehalten. Müßte ich in einem solchen Fall ein solches Mädchen nicht geradezu vor ihm warnen?"

Ganz unglücklich sieht sie aus, die zarte, gebrechliche Frau im Sessel neben der aufrechten, frischen Frau Madeury, die mit ihrer Freundin tiefes Mitleid empfindet.

„Gretchen", sagt sie in herzlichem Ton, „ich glaube, du solltest dich jetzt nicht zermartern. Überlasse die Zukunft Gott, der Mittel und Wege finden wird, deinem Sohn die rechte Frau zuzuführen."

„Und du denkst, ich brauche ihr nicht die Schwächen Joachims zu nennen oder müßte sie gar warnen?"

„Darauf zu antworten, ist nicht leicht. Joachim, der an sich kaum Fehler erkennt, würde es dir bitter übel nehmen, wenn du das Mädchen, das er heiraten will, vor ihm warnen würdest. Es könnte sogar zu einem Bruch zwischen euch beiden führen. Andererseits gibt es auch Verpflichtungen gegenüber dem Mädchen. Zumindest müßtest du als Joachims Mutter ihr raten, sich nicht unüberlegt zu binden, sondern deinen Sohn erst einmal richtig kennenzulernen."

„Heute lassen junge Menschen sich nur ungern etwas von einem Älteren sagen."

„Aber wenn es ein solches Mädchen ist, wie du es eben geschildert hast, dann würde es sich sicher mit deinen Gedanken auseinandersetzen. Aber sage mir, denkst du an ein bestimmtes Mädchen? Hat Joachim dir von einer solchen Bekanntschaft erzählt?"

Frau Madeury zittert beinahe davor, daß ihre Freundin jetzt den Namen Lilianes ausspricht. Nein — nur das nicht!

Frau Frohgemut kommt in große Verlegenheit. Sie spürt das heimliche Erschrecken derer, die Liliane wie eine Tochter ins Herz geschlossen hat und sie unter allen Umständen vor einer solchen Lebensenttäuschung bewahren möchte. Nein, sie wird das Geheimnis nicht preisgeben, sie wird Lilianes

Namen nicht nennen. Ihrem Sohn will sie nicht vorgreifen, weiß sie doch keineswegs, ob er sich nicht schon wieder alles anders überlegt hat. Begegnet ihm eine imposante, attraktive Frau, ist Liliane schnell vergessen. An ihr hat ihn vielleicht gerade das Andersartige gereizt. Irgendeinem anderen Mädchen würde sie schon zutrauen, Joachims Frau zu werden und alle Nöte auf sich zu nehmen, die unter Umständen in dieser Ehe zu erwarten wären, aber nicht Liliane. Fast will eine leise Bitterkeit in ihr aufsteigen. Kann sie es der Freundin verübeln, wenn sie sich um „ihr" Mädchen sorgt und seine Zukunft in geregelten Bahnen sehen will? Hat sie nicht selbst zu Joachim gesagt: Liliane ist zu schade für dich! Nein, durch diese Angelegenheit darf kein Schatten auf ihre Freundschaft mit Henny fallen. Sie blickt sie bittend an.

„Henny, laß uns jetzt dieses Gespräch beenden. Ich glaube, ich sollte mich noch einmal hinlegen und versuchen, den Schlaf nachzuholen, den ich in der vergangenen Nacht nicht gefunden habe."

Frau Madeury bringt die Freundin behutsam in ihr Zimmer, bettet sie sorgsam und breitet die Daunendecke über sie. „Gretchen, überlasse deine und Joachims Zukunft Gott."

Auf keinen Fall wird es Liliane sein, denkt sie abschließend noch einmal, als sie leise die Zimmertür schließt.

Liliane hat ihren freien Nachmittag. Sie geht wie gewöhnlich zu ihrer Mutter nach Hause. Dort wird sie immer gern erwartet. Es gibt mancherlei zu helfen, denn die Kräfte Frau Stuckis haben nachgelassen. Auch in diesem Jahr hat sie wieder Sommergäste aufgenommen. Es sind nicht viele, aber diese Einnahmequelle benötigt sie dringend. So zieht die ganze Familie jeweils im Frühjahr in die beiden kleinen Hinterstuben unten neben der Küche, in die sich kaum ein Sonnenstrahl verirrt, denn sie führen zum Wiesenhang hinaus.

Frau Stucki und Vreneli schlafen in dem einen und die drei Brüder in dem anderen Zimmer. Es ist ziemlich eng, aber sie fügen sich alle ohne Murren, wissen sie doch, daß es sein muß.

Heute gibt es noch einen Besuch im Fischerhüsli — so nennt man im ganzen Dorf das kleine, bereits etwas windschiefe Haus der Familie Stucki. Markus, der zwanzigjährige Bruder Lilianes, ist seinem Vorsatz treu geblieben und Fischer geworden. Er hat schon seit längerem das Pachtrecht auf dem See erworben und fährt nun hinaus auf den Brienzer See, um zu fischen und mit seinem Fang die Hotels und Restaurants der Nachbarschaft zu beliefern. Während der Saison ist es ein erträgliches Einkommen. Markus fühlt sich verpflichtet, die Mutter und die Geschwister zu unterstützen. Im Winter geht er ins Sägewerk und arbeitet dort.

Längere Zeit war er bei einem Freund seines Vaters auf der anderen Seite des Sees, wo ihn dieser in die Geheimnisse der Fischerei einführte.

Heute ist dessen neunzehnjährige Tochter bei Frau Stucki zu Besuch. Liliane hat sie noch nie vorher gesehen. Markus stellt Marteli seiner Schwester vor und schaut das junge Mädchen dabei vielsagend an, als wolle er es fragen: Darf ich's sagen?

Marteli errötet und blickt zu Boden. Die Mutter aber ergreift das Wort und wendet sich an ihren Ältesten: „Du chasch's der Lilian scho säge, sie wird sich mit üs alle freue."

Markus strahlt und teilt seiner Schwester die Neuigkeit mit: „S'Marteli isch mi Brut."

Liliane ist überrascht, aber in der Tat mit den anderen voller Freude. Sie drückt dem jungen Brautpaar die Hände und küßt das junge Mädchen bewegt auf beide Wangen. Die anderen Geschwister stehen lächelnd dabei. Ruedi ist Lehrling in der Sägemühle, und Lukas arbeitet auf dem Rathaus.

Sie haben heute bereits beide Feierabend.

Die Mutter bestimmt, daß jetzt nichts mehr geschafft wird, sondern daß man das Verlobungsfest, das in einem Vierteljahr stattfinden soll, ein wenig vorfeiert.

Vreneli eilt, um den Tisch zu decken. Die Mutter hat einen Kuchen gebacken. Bald sitzt man in der Küche, zwar etwas eng, aber glücklich und zufrieden beieinander.

Die Mutter blickt Liliane ein paarmal prüfend an. Sie sieht so bleich aus. Wohl beteiligt sie sich am Gespräch, aber immer wieder ist sie wie abwesend. Als sie sich vom Tisch erhebt, um sich zu verabschieden, sind alle enttäuscht.

„Waas? Du wotsch jetz scho goh?"

Aber Liliane läßt sich nicht halten, und als Lukas und Ruedi sich anbieten, sie zum Chalet Madeury zu begleiten, lehnt sie dankend ab.

„Wäge mir darf nit alles usenander g'schprengt wärde. Sind nummeno rächt luschtig binander."

Vreneli bringt die große Schwester noch bis vors Haus und winkt ihr nach. Liliane lenkt ihre Schritte zum See. Schon immer war es ihr ein Bedürfnis, wenn sie mit einer Sache nicht fertig wurde, diese am Ufer zu überdenken und darüber still zu werden. So geht sie langsam zum Landesteg.

Es ist ein linder, sternenklarer Abend. Vom anderen Seeufer leuchten viele Lichter herüber. Irgendwo singt eine Frau ein Abendlied: „Lueget, vo Bärg und Tal flieht scho dr Sunnestrahl ..." Liliane denkt daran, wie Vater und Mutter dieses Lied oft mit ihnen gesungen haben, wenn sie an einem solchen Sommerabend noch vor dem Haus auf dem Bänkchen saßen.

Warum ist es Liliane heute nur so wehmütig ums Herz? Sie kann es sich selbst nicht erklären. Ja, es stimmt, wenn Frau Madeury sagt, daß sie äußerst sensibel sei. Als sie heute Frau Frohgemut eine Stunde vor dem Mittagessen den

Wein mit einem darin verquirlten Ei brachte, lag diese mit tränennassen Augen in ihrem Bett. Liliane hatte ihr die Kissen aufgeschüttelt und sie gestützt, als sie in kleinen Schlückchen den Wein zu sich nahm.

„Wie gut Sie sind, Fräulein Liliane", hatte sie gesagt. „Ihre Fürsorge und Liebe werden mir sehr fehlen, wenn ich wieder zu Hause bin."

„Aber Sie haben doch Ihren Sohn", hatte Liliane entgegnet. „Gewiß kümmert auch er sich um Sie."

Da hatte Frau Frohgemut genickt. „Doch, doch, er schaut schon von Zeit zu Zeit nach mir, aber er ist ja den ganzen Tag im Geschäft und geht meistens auch noch abends fort..."

Liliane hatte einfach, dem Bedürfnis ihres Herzens folgend, der alten Dame über die Wange streicheln müssen.

„Ich bin sehr viel allein!" hatte diese nach einigen Augenblicken hinzugefügt. „Innerlich und äußerlich allein!"

Liliane hätte ihr so gerne ein gutes, tröstliches Wort gesagt, aber sie fand nicht das richtige, und etwas Nichtssagendes vermochte sie nicht auszusprechen. Sie wußte, daß Joachim Frohgemut manchmal recht barsch — um nicht zu sagen lieblos — mit seiner alten Mutter umging.

Da hatte die alte Dame die Arme um ihre Schultern gelegt, sie zu sich herabgezogen und ihr ganz sacht einen Kuß auf die Wange gegeben. „Mein liebes Kind, ich danke Ihnen! Sie haben mir durch Ihre herzensgute Art in den Wochen meines Hierseins viel gegeben."

Nun steht Liliane am Seeufer und blickt über die Wasserfläche, die sich kaum bewegt. Der Mond wirft sein Licht auf sie hernieder und zeichnet eine goldene Bahn über den See. Immer, wenn das Mädchen hier steht, muß es an den Vater denken, weit mehr noch, als wenn sie an seinem Grabe verweilt, und sein Wort steigt aus den Tiefen ihres Innern empor, in dem sie es wie ein Vermächtnis hütet: Sorge immer dafür, daß du einen offenen Himmel über dir hast, und frage nicht in erster Linie nach dem, was du möchtest, sondern nach dem, was deine Pflicht ist.

In der Mitte des Sees taucht ein Ruderboot auf, ganz wie Vaters Fischerkahn, denkt Liliane. Wohl folgt ihr Auge den sanften, gleitenden Bewegungen des Bootes, aber ihre Gedanken sind weit fort. Sie suchen den, der damals vor acht Jahren so plötzlich gegangen war, der tot in seinem Kahn lag. Hier am See scheint der Vater Liliane ganz nah zu sein. Sie weiß, sie darf ihn hier nicht suchen. Er ist bei Gott. Unwillkürlich zieht es ihre Blicke hinauf zum Sternenhimmel. Nein, auch dort ist er nicht zu finden, wie sie es sich als Kind ausgemalt hat. Aber was bedeutet es schon, ob sie sich den Ort vorstellen kann oder nicht. Sie weiß, daß Gott existiert und daß sein Wort die Wahrheit ist. Plötzlich denkt sie an einen Vers, den sie im Religionsunterricht gelernt hat:

In meines Vaters Hause sind viele Wohnungen.
Wenn's nicht so wäre, so wollte ich zu euch sagen:
Ich gehe hin, euch die Stätte zu bereiten.

Irgendwie hat sie plötzlich das Bedürfnis, mit ihrem Vater zu sprechen, und dann werden ihre Gedanken zu einem Gebet: „Lieber Gott, hilf, daß ich immer weiß, was meine Pflicht ist!"

Als sie ins Chalet zurückkommt, sind Frau Madeury und Frau Frohgemut schon längst zur Ruhe gegangen. Es ist später geworden, als Liliane es vorgehabt hat. Die stille Zeit am See hat ihr gutgetan. Der Aufruhr in ihrem Herzen, dessen Ursache sie sich nicht erklären kann, hat sich gelegt. Ob es wohl mit dem Verlöbnis ihres Bruders Markus zusammenhing?

Liliane weiß, die Mutter hätte es gerne gesehen, wenn sie dem Werben des Andreas Gysi Gehör geschenkt hätte. Nun kommt ihr Markus zuvor und bringt in großer Selbstverständlichkeit dieses schlichte und liebenswerte Mädchen ins Haus. Beide sind sie jung und besitzen nicht viel Lebenserfahrung, aber aus jedem Blick, den sie sich zuwarfen, aus jeder gegenseitigen Berührung ihrer Hände war zu entnehmen: Wir haben uns lieb! Wir freuen uns auf die Überraschungen, die uns das Leben bringen wird ... Ja, so haben sie gewirkt, die beiden glücklichen jungen Menschen. Alles schien so klar, so selbstverständlich und natürlich.

Liliane steht immer wieder vor ungelösten Problemen. Erst die Sache mit Herrn Perron in Lausanne, dann die Werbung des Andreas, und nun weiß sie es plötzlich mit Sicherheit, auch Joachim Frohgemut wird auf sie zukommen. Er wird sie fragen, ob sie seine Frau werden will, aber — darüber sich Gedanken zu machen, ist abwegig. Er ist nicht der Mann, dem sie ihre Liebe und ihr Leben schenken könnte. Sie beide haben nicht die geringsten Berührungspunkte. Nein, nie würde sie die Heimat verlassen können, die Mutter, die Geschwister, ebensowenig Frau Madeury, die sie liebt und verehrt. Alle diese Erwägungen haben sie bewegt, als sie den stillen Weg am See entlangging.

Sie geht noch einmal ins Wohnzimmer, beugt das Gesicht hinab zu den roten Rosen und atmet ihren wundervollen Duft ein. Einen kleinen Augenblick ist sie versucht, den herrlichen Strauß in ihr Zimmer zu tragen. Was können schließlich die Rosen dafür, daß sie dazu ausersehen sind, trotz ihrer Sprachlosigkeit zu reden, im Auftrag eines Menschen, dessen Werbung sie nicht verstehen will und strikt ablehnen muß? Liliane freut sich an der Schönheit dieser Blumen, aber dann läßt sie sie doch dort stehen, wo sie ihnen ihren Platz zugewiesen hat.

Sie ertappt sich dabei, daß sie trotz allem nach dem Postboten Ausschau hält. Sie begreift sich selbst nicht. Hat sie Joachim Frohgemut nicht deutlich zu verstehen gegeben, daß sie keinen Brief von ihm wünscht, und nun wartet sie doch darauf? Was geht nur in mir vor? Warum werde ich den Gedanken an Joachim Frohgemut nicht los? Werte ich das Geschenk der Rosen nicht höher, als es gemeint war? Wie viele solcher Sträuße mag er schon verschenkt haben?

In den nächsten Tagen steht sie immer wieder einmal vor dem Spiegel und betrachtet sich. Bisher haben ihr Komplimente nie viel ausgemacht. Es ist öfter vorgekommen, daß einer der jungen Männer aus dem Ort, noch mehr aber einer der Fremden ihr seine Bewunderung ausgesprochen hat.

Was würde ihre Mutter sagen, wenn sie die Tochter vor dem Spiegel sehen würde? Liliane fühlt sich ohnehin ihr gegenüber schuldig. Warum eigentlich hat sie es vermieden, ihr ganz offen zu sagen, daß der Besuch, den Frau Madeury für einige Wochen hatte, derselbe junge Mann sei, dem sie damals als kleines Mädchen ein paarmal begegnet ist? Nie hat sie daraus ein Geheimnis gemacht, wenn Frau Madeury Gäste hatte. Diesmal spricht sie nur von einer Dame aus Deutschland, die mit ihrem Sohn im Chalet Madeury einige Wochen zur Erholung weile.

Einige Tage später steigt der Postbote tatsächlich hinauf ins Chalet Madeury. Liliane ist unten im Dorf und macht Einkäufe. Frau Madeury nimmt dem Boten die Briefsachen ab. Beim Durchsehen fällt ihr eine unbekannte Handschrift auf. Sie schaut nach dem Absender: Joachim Frohgemut, Stuttgart. Der Brief ist an Liliane adressiert. Warum legt sich in diesem Augenblick eine Last auf Frau Madeurys Herz?

Liliane kommt vom Ort herauf, stellt den Einkaufskorb auf den Küchentisch und erblickt dort den Brief. Im gleichen Augenblick betritt Frau Madeury die Küche.

„Du hast Post, Liliane“, sagt sie. „Hast du den Brief schon gesehen?“

Das Mädchen errötet tief. Obgleich Liliane genau weiß,

von wem das Schreiben ist, tut sie erstaunt, dreht den Umschlag um, liest den Absender und äußert spontan ihren Unwillen.

„Herr Frohgemut hat mir geschrieben. Ich will so wenig Post von ihm, wie ich seine Rosen wollte. Ich wüßte nicht, was er mir zu schreiben hätte. Unter keinen Umständen werde ich ihm antworten." Liliane kommt sich bei diesen Worten nicht unehrlich vor.

„Das würde ich nicht ohne weiteres behaupten", sagt Frau Madeury, „bevor ich den Brief gelesen habe. Vielleicht wünscht er nur eine Auskunft, seine Mutter betreffend."

„Dann hätte er sich an Sie oder an Frau Frohgemut wenden können. Er hat mich gefragt, bevor er abreiste, ob er mir schreiben dürfe. Ich wollte ihn nicht vor den Kopf stoßen, sonst hätte ich ihm mit einem glatten Nein geantwortet. Ich sagte ihm, daß er ja bald käme, um seine Mutter zu holen. Das muß ihm gezeigt haben, daß ich kein Interesse an einem Briefwechsel habe."

„Nun, das genügt doch, Liliane. Ich denke, es ist kein Grund, daß du dich deshalb aufregst."

„Entschuldigen Sie, Frau Madeury, aber ich ärgere mich über seine Zähigkeit." Sie legt den Brief beiseite, ohne ihn zu öffnen. Da bleibt er auch liegen, bis Liliane am Abend mit der Arbeit fertig ist. Der Tisch ist abgedeckt, das Geschirr gewaschen. Wenn nichts Außergewöhnliches vorliegt, setzt Liliane sich auf die Glasveranda oder in den Salon zu den beiden Damen. Manchmal bittet Frau Madeury sie, ihnen etwas auf dem Flügel vorzuspielen. Seit Liliane vor acht Jahren als Haustochter zu ihr kam, hat sie ihr Klavierunterricht geben lassen, und das Mädchen hat im Klavierspiel erfreuliche Fortschritte gemacht. Manchmal lesen sie auch zusammen ein Buch. Liliane ist es klar, daß sie auf manchen Gebieten gefördert wurde, wie es von seiten ihrer Eltern nie möglich gewesen wäre. Sie dankt es der mütterlichen Freundin von Herzen.

Heute aber möchte sie noch einen stillen Spaziergang machen. Frau Madeury hat dafür Verständnis. Die besinnliche und feinfühlige Art ihrer Haustochter bedarf eines solchen Ausgleichs, besonders, wenn der Tag arbeitsreich gewesen ist oder etwas gebracht hat, womit sie nicht ohne weiteres fertig wird. So ermutigt sie Liliane zu gehen.

„Nimm aber deine Strickjacke mit. Du weißt, es ist kühl draußen."

Ehe sie das Haus verläßt, öffnet das Mädchen endlich den Brief. Vorher aber versucht Liliane, sich Rechenschaft darüber zu geben, warum sie in den letzten Tagen so zwiespältig gefühlt und gehandelt hat. Sie verschweigt der Mutter die neue Begegnung mit Joachim Frohgemut. Andererseits empört sie sich Frau Madeury gegenüber, daß Joachim Frohgemut ihr einen Brief schreibt! Sie schilt sich unehrlich und ist unglücklich über sich selbst. Und doch überfliegt sie jetzt fast erwartungsvoll die Zeilen. Joachim schreibt:

Stuttgart, den 10. 8. 1950

Liebes Fräulein Liliane!

Nachdem dies mein erster Brief an Sie ist, müßte ich Sie eigentlich anders — weniger vertraulich — anreden. Aber mein Stift sträubt sich dagegen, „Sehr geehrtes Fräulein Stucki" oder „Verehrtes Fräulein" zu schreiben, nachdem wir uns doch bereits vor langer Zeit begegnet sind und ich mich mit Freuden an das kleine Mädchen erinnere, das mir damals sagte: „Sie haben einen schönen Namen, aber er paßt nicht zu Ihnen, denn Sie sind kein froher Mensch!"

Ach, Fräulein Liliane, wie klar haben Ihre Augen schon damals ausgesehen, und wie recht haben Sie schon damals gehabt! Lassen Sie mich ein wenig aus meinem Leben erzählen.

Immer habe ich als laut und lustig gegolten. Überall, wo ich auftauchte, ging es vergnügt zu. Aus diesem Grunde rief man mich früher und ruft man mich auch heute noch zu festlichen Zusammenkünften, zu Parties, Familienfeiern und anderen vergnüglichen Angelegenheiten. Man lädt mich zu Ausflügen und Wanderungen ein. Man weiß, ich verstehe es, die Leute zu unterhalten, ganze Gruppen zum Lachen zu bringen, für Stimmung und Humor zu sorgen. Nie fehlt es mir an Einfällen. „Der Frohgemut muß dabei sein!" heißt es immer. Ich gebe zu, daß mir dies schmeichelt, ja, ich bilde mir darauf gewissermaßen etwas ein, wenn ich von keinem anderen Spaßmacher übertroffen werden kann.

Während des Krieges, an der Front, ist es mir wahrhaftig nicht darum zu tun gewesen, die anderen immer zu unterhalten und ihr Clown zu sein, aber damals tat ich es oft aus Verzweiflung. Sie kennen das Wort: Galgenhumor. So blieb ich der Clown für die anderen, und meine Späße wurden immer derber. Ich bin überzeugt, in Ihrer Gegenwart wäre mir nicht einer davon über die Lippen gekommen. Aber vielleicht habe ich den Soldaten an der Front mit meinen oft schnodderigen Bemerkungen über manchen Augenblick der Verzweiflung hinweggeholfen.

In mir selber aber sah es gewöhnlich anders aus. Es war mir wahrhaftig nicht zum Lachen zumute, und ich hatte genauso Angst wie die anderen. Und doch, während viele, die mit mir an der Front waren, gefallen sind oder nach Stalingrad kamen, von wo sie nie mehr zurückkehrten, durfte ich (verursacht durch meine schweren Malariaanfälle, die ich mir zugezogen hatte) in die Heimat zurückkehren. Was ich nie mehr für möglich gehalten hätte, traf ein: Ich durfte meine Mutter wiederfinden, wenngleich auch in trostlosen Verhältnissen. Sie werden davon durch Frau Madeury gehört haben. Aus der einst strahlenden, eleganten, gepflegten Dame war ein altes, verhutzeltes Weiblein in dürftigen Kleidern geworden. Aber wir hatten uns wieder und begannen, uns ein neues, wenn auch kümmerliches Leben aufzubauen.

In jener Zeit hatte sich in mir auch einiges gewandelt. Ich wollte ganz neu anfangen. Ich hatte mir vorgenommen, mit meinen dummen Späßen aufzuhören und mich nicht mehr dazu herzugeben, Hanswurst für die ganze Gesellschaft zu sein.

Doch geriet ich wieder in das alte Fahrwasser. Wenn ich heute darüber nachdenke, komme ich mir vor wie jener berühmte Komiker, der einen Arzt aufsuchte und diesem klagte, er leide immer wieder so stark an Depressionen, daß er manchmal nahe daran sei, sich das Leben zu nehmen. Der Arzt antwortete: „Was Sie brauchen, ist Ablenkung und Erheiterung. Gehen Sie doch heute abend einmal zu dem berühmten Komiker, der augenblicklich in unserer Stadt gastiert. Da werden Sie wieder einmal von Herzen lachen können, und das ist's, was Sie augenblicklich brauchen." — Da erhob sich der Patient und erwiderte: „Danke, Herr Doktor, der Komiker bin ich selbst."

Sehen Sie, Fräulein Liliane, so geht es mir. Meine Mutter und ich leben zwar noch in einer sehr bescheidenen Wohnung, aber ich habe eine gute Stelle in einem der größten Konfektionshäuser Stuttgarts. Ich verfüge über ein gutes Einkommen, und während meine Mutter bei Frau Madeury ist, habe ich die Zeit genutzt, um eine größere Wohnung zu finden, die auch in einem wunderschön gelegenen Vorort in Aussicht ist. Aber, wie Ihr damals bereits klarer Blick es erkannte, als Sie noch das ernste kleine Mädchen im roten Mäntelchen am Steg in Iseltwald waren, so ist es noch heute: Ich bin kein froher Mensch, ich mache meinem Namen keine Ehre, und ich täusche die Menschen, die ich zum Lachen bringe und mit allerlei Späßen unterhalte. Ich bin im Grunde, obgleich immer umgeben von vielen Menschen, sehr einsam.

Warum schreibe ich Ihnen das alles, Fräulein Liliane, und stehle Ihre Zeit mit meinem Gerede? Weil ich weiß, Sie könnten mir vielleicht einen Rat geben. Was soll ich tun, um zu einem Frohsinn zu gelangen, der nicht trügt? Darf ich um Ihre Freundschaft bitten? Erschrecken Sie nicht — um nichts anderes bitte ich, als um Ihre Freundschaft, um Ihr Verstehen, darum, daß Sie mir dann und wann ein gutes Wort gönnen, ein paar Zeilen schreiben und mich wissen lassen, daß ich nicht so grenzenlos alleine bin.

In spätestens zehn Tagen werde ich meine Mutter in Iseltwald abholen. Sie weiß nichts von meinen Gemütsschwankungen. Auch sie sieht in mir den immer Fröhlichen und zu allerlei Späßen Aufgelegten. Sie soll es auch nicht wissen. Die Gute hat sich ihr Leben lang von Äußerlichkeiten blenden lassen. Warum soll ich ihr diese Illusionen rauben? Manchmal denke ich, sie lebt gewiß nicht mehr lange, so schwach und zerbrechlich ist sie. Dann werde ich ganz alleine sein, keine Heimat mehr haben, kein Elternhaus, keinen Menschen, der zu mir gehört, und ich werde weiterhin andere unterhalten und dabei selbst innerlich verbluten.

Fräulein Liliane, darf ich, nachdem ich in einer Menschen, leise hoffen, daß Sie mir Ihre Freundschaft Offenheit zu Ihnen geredet habe, wie noch nie zu einem schenken? Worte vermögen nicht auszudrücken, was dies mir bedeuten würde.

Bitte, antworten Sie nicht gleich, oder vielleicht haben Sie dies überhaupt nicht vor. Sie haben ja aus Ihrer Ablehnung mir gegenüber bei meinem Aufenthalt in Iseltwald keinen Hehl gemacht. Das ist verständlich, wenn Sie in mir nur den oberflächlichen, immer zu Späßen aufgelegten Menschen gesehen haben. Nun aber wissen Sie, daß es sich im Grunde genommen um einen Einsamen und oft Unglücklichen handelt. Ich kann mir nicht vorstellen, daß Ihr Herz so hart ist, daß Sie diesem die Bitte um eine bescheidene Freundschaft abschlagen. Vielleicht denken Sie in Ruhe darüber nach! Sollten Sie mir mit ein paar Zeilen Ihrer lieben Hand, die ich in Gedanken ehrerbietig mit meinen Lippen berühre, eine Freude machen, so wäre das mehr, als ich zu erwarten wage. Sonst aber darf ich hoffen, daß Sie mir, wenn ich meine Mutter abhole, eine Viertelstunde schenken, noch schöner wäre es, wenn Sie mir erlauben würden, Sie an einem Sommerabend hinunter an den See begleiten zu dürfen, dahin, wo ein kleines Mädchen vor vielen Jahren zu mir gesagt hat: „Sie sind ein Armer!"

Fräulein Liliane, heute bin ich im Grunde genommen noch ärmer als damals, denn ich habe nicht nur die Heimat und unseren großen Besitz, sondern noch viel mehr verloren.

Ich grüße Sie in Ergebenheit und tiefer Verehrung herzlich!

Ihr Joachim Frohgemut

Liliane läßt das Blatt sinken. Über den Schlußsatz „in Ergebenheit und tiefer Verehrung" kann sie nur lächeln. Das schreibt er, der sie damals bei seiner Ankunft den schweren Handwagen allein den Berg hinaufziehen ließ. Ihn hätte es unberührt gelassen, wenn Andreas Gysi nicht eingesprungen wäre. Er sah sie damals ja nur als Dienstmädchen von Frau Madeury an. Mit solchen Redensarten vermag er sie auch jetzt in keiner Weise zu beeindrucken. Der übrige Inhalt des Briefes geht ihr trotz allem nach. Ist es nicht im Grunde genommen erschütternd? Er spricht dieselben Worte aus wie seine Mutter vor ein paar Tagen: „Ich bin ein einsamer Mensch."

Am anderen Morgen spürt Liliane Frau Madeurys besorgte Blicke auf sich ruhen. Sie ahnt, sie beschäftigt sich gedanklich mit dem Brief, der gestern von Joachim Frohgemut gekommen ist, und plötzlich weiß sie, daß sie ihn ihr zum Lesen geben sollte. Sie ist ihr Vertrauen wert.

Als Frau Madeury von einem kurzen Spaziergang, den sie mit ihrer Freundin gemacht hat, zurückkehrt, sagt sie: „Liliane, mir gefällt Frau Frohgemut nicht. Schon nach wenigen Schritten war sie so ermattet, daß ich sie nur mit Mühe bewegen konnte, mit mir bis zur Bank unter der großen Kastanie zu gehen, um dort ein wenig auszuruhen. Sonst hat sie dort immer so gerne gesessen. Heute aber bat sie mich schon nach wenigen Minuten, sie wieder nach Hause zu führen. Ich habe sie im Garten in der Jasminlaube auf den Liegestuhl gebettet. Hoffentlich wird sie nicht wieder krank, jetzt, kurz vor der Rückreise. Sie ist in der Tat bedauernswert in ihrer Einsamkeit; denn Joachim ist ja den ganzen Tag fort, oft auch noch abends."

Liliane spürt deutlich, daß es Absicht ist, sie jetzt an den Sohn zu erinnern. Sie greift in die Schürzentasche, entnimmt dieser den Brief, reicht ihn Frau Madeury und sagt: „Bitte, lesen Sie ihn. Ich habe den Eindruck, daß auch Joachim Frohgemut ein bedauernswerter Mensch ist."

„Danke, Liliane", erwidert Frau Madeury, setzt sich kurzerhand zu ihrer Haustochter in die Küche und liest. Eine Weile sagt sie kein Wort, auch Liliane schweigt.

Schließlich fragt Frau Madeury: „Wirst du Joachim antworten?"

„Ich hatte es nicht vor", erwidert Liliane.

„Du hattest es nicht vor", wiederholt Frau Madeury. „Heißt das, daß du dich nun doch entschlossen hast, ihm zu schreiben?" Besorgt blickt sie das Mädchen an, das in ruhiger, umsichtiger Art in der Küche hantiert.

Liliane antwortet nicht gleich. Schließlich fragt sie: „Was würden Sie an meiner Stelle tun?"

„Es fällt mir nicht ganz leicht, dir zu antworten. Der prächtige Rosenstrauß, den Joachim dir überbringen ließ, hat mich mehr erschreckt als erfreut", antwortet Frau Madeury. „Ein junger Mann schenkt nicht ohne Absicht einem Mädchen solch wundervolle Rosen. Du weißt es, Liliane, du bedeutest mir so viel wie eine Tochter. Daß der Tag einmal kommen wird, an dem du mich verläßt, um einem Mann zu folgen, ist mir längst klar. So schwer es mir einmal fallen wird, dich ziehen zu lassen, nie dürfte ich dich an mich binden und auch nur in Gedanken wünschen, daß du für immer bei mir bliebest. Wenn ich mir aber vorstelle, daß Joachim dich bitten würde, seine Frau zu werden und du ihm dein Jawort geben könntest ... Liliane, so sehr ich meiner Freundin wünsche, daß sie einmal eine liebe, herzensgute Schwiegertochter bekommt, die sich ihrer annimmt und sie in Krankheitszeiten versorgt, nein — bitte, tu mir das nicht an! Nicht nur du, sondern auch ich würde todunglücklich sein."

So, nun hat sie es ausgesprochen, was sie seit jenem Gespräch mit Frau Frohgemut vor etlichen Tagen umtreibt und durch den Brief, den Liliane ihr zum Lesen gegeben hat, neu in ihr aufgebrochen ist. „Du fragst mich, ob du Joachim antworten sollst. Sieh, Liliane, wenn ich ihm antworten würde, dann wären es unter Umständen dieselben Gedanken, die auch du ihm mitteilen würdest, und doch wäre es nicht dasselbe. Ich bin eine alte Frau, du aber bist jung. Ich habe Sorge, er könnte dein Mitgefühl falsch deuten. Er würde sich Hoffnung machen und schließlich mit mehr als nur mit einer Freundschaft rechnen."

„Dann werde ich ihm auf keinen Fall antworten", erwidert Liliane. „Aus demselben Grund hätte ich am liebsten schon die Blumen abgelehnt."

„Im übrigen glaube ich nicht daran, daß zwischen erwachsenen Menschen zweierlei Geschlechtes auf die Dauer nur eine Freundschaft bestehen kann. Es müßten schon zwei sehr reife, innerlich gefestigte Menschen sein, die ihre Grenzen kennen. Ich weiß, heute denkt man darüber vielfach anders."

Liliane antwortet nicht. Sie muß sich nun intensiv ihrem Braten widmen, wenn er nicht anbrennen soll. Frau Madeurys Worte haben ihre Gedanken nur bestärkt, daß sie Herrn Frohgemut nicht antworten wird — unter keinen Umständen.

Als sie vor dem Essen in den Garten geht, um Frau Frohgemut ins Haus zu geleiten, sieht auch sie auf den ersten Blick, daß die alte Dame krank ist.

„Bitte, Fräulein Liliane", sagt sie, „führen Sie mich auf mein Zimmer. Ich möchte nicht essen. Mir geht es nicht gut."

Oben bekommt sie einen Schüttelfrost, das Anzeichen einer Kreislaufstörung, die sie früher oft gehabt hat. Liliane ruft Frau Madeury, die sofort kommt. Beide entkleiden die alte Dame, legen sie in ihr Bett, und Liliane ruft den Arzt herbei. Er ist über Land, kann also vor zwei Stunden kaum zurück sein.

Frau Madeury macht der Patientin heiße Umschläge um deren Hände und Füße und auch aufs Herz. Sie weiß von ihrem Schwiegersohn, dem Arzt aus Lausanne, daß das Krämpfe und Stauungen löst. Frau Frohgemuts Lippen haben sich blau verfärbt, Hände und Füße sind eiskalt, Finger und Fußnägel ebenfalls blau. Es muß etwas Ähnliches wie eine Tetanie sein. Wenn nur bald der Arzt käme!

Die heißen Umschläge tun gut. Die Verkrampfung läßt nach. Sie kann die erstarrten Hände wieder bewegen, der ängstliche Blick der Kranken, die befürchtet hat, sterben zu müssen, entspannt sich ...

Endlich, es scheint allen wie eine Ewigkeit, kommt der Arzt. Er spricht von einer Verengung der Herzkranzgefäße, gibt Frau Frohgemut eine Kalziumspritze und beruhigt die Kranke und ebenso die besorgte Frau Madeury: „Es geht bestimmt vorüber. Ich komme heute gegen Abend und morgen noch einmal wieder."

„Hat die Patientin irgendwelche Aufregungen gehabt, oder quält sie sich mit Zukunftssorgen herum?" fragt Doktor Börnsdorf Frau Madeury, als diese ihn zur Haustür begleitet.

„Sie steht kurz vor der Abreise nach Deutschland", erwidert sie. „Es ist möglich, daß der Gedanke daran ihr Angst macht. Sie war von jeher ein sensibler Mensch. Lange wurde sie mit der Vergangenheit nicht fertig — mit ihrer Flucht aus Königsberg, mit den Verlusten und vielem anderen. Jetzt habe ich beinahe den Eindruck, daß sie die Zukunft fürchtet."

„Sie darf nicht aufstehen, braucht Ruhe und liebevolle Betreuung. Aber das genießt sie ja in Ihrem Hause, Frau Madeury." Der Arzt verabschiedet sich.

Frau Madeury steigt wieder hinauf in den ersten Stock, um Liliane abzulösen, die noch immer am Bett der Kranken sitzt.

Der Krampfzustand ist zwar vorbei, aber nun überkommt Frau Frohgemut die Wehmut. Tränen rinnen aus ihren Augen. Sie hat die rechte Hand Lilianes mit ihren beiden Händen umklammert. Immer wieder zittern ihre Glieder. Unentwegt ist ihr Blick auf Liliane gerichtet. Es sieht aus, als wolle Frau Frohgemut ihr etwas Bestimmtes sagen, aber ihr Mund bleibt geschlossen. Aus ihren Augen spricht eine große Not.

Behutsam streichelt Liliane mit ihrer freien Hand über das weiße Haar der Kranken. Liebevoll spricht sie ihr zu: „Es wird bestimmt alles gut! Haben Sie bitte keine Angst! Nicht wahr, Sie fühlen schon etwas Linderung? Unser Arzt ist sehr umsichtig und verfügt über große Erfahrungen. Seien Sie ganz unbesorgt. Vielleicht können Sie in ein paar Tagen bereits wieder aufstehen."

Die letzten Worte hört Frau Madeury gerade noch, als sie das Zimmer betritt. Sie fügt hinzu: „Gretchen, du bleibst selbstverständlich bei uns, bis du wieder ganz hergestellt bist."

„Aber — Joachim ...", flüstert Frau Frohgemut. „Er rechnet fest mit meinem Kommen."

„Ich schreibe ihm, daß deine Abreise noch um einige Zeit verschoben wird. Erst mußt du wieder gesund sein."

„Du bist so gut zu mir, Henny! Wie soll ich dir das vergelten?"

„Wer spricht hier von Vergeltung?" fragt Frau Madeury und droht der Freundin scherzhaft mit dem Finger, froh, daß der Anfall vorübergegangen ist. Sie bleibt jetzt bei ihr, während Liliane sich anschickt, das Essen, das bereits fertig ist, warmzuhalten. Die Mittagsmahlzeit muß jetzt zurückgestellt werden. Sie beugt sich noch einmal zu der Patientin: „Gute Besserung, Frau Frohgemut! Haben Sie auf irgend etwas besonderen Appetit? Sagen Sie es nur, wir bringen es Ihnen, nicht wahr, Frau Madeury?"

Diese nickt. „Aber ganz sicher, Gretchen. Du mußt doch bald wieder hergestellt sein.“

Die Kranke aber blickt Liliane nach, die jetzt das Zimmer verlassen will. Nur ganz leise kommt es über ihre Lippen, aber Frau Madeury versteht es gut, wie sie im Flüsterton sagt: „O mein liebes Kind!“

Schon wieder erschrickt Frau Madeury. Sie möchte die Hände ausstrecken, um Liliane zu bewahren, und weiß doch im gleichen Augenblick, daß sie es nicht kann.

Am kommenden Wochenende steht Joachim Frohgemut vor der Eingangstür des Chalets. Er hat Frau Madeurys Brief mit der Nachricht von Mutters Erkrankung bekommen. Dies beunruhigt ihn nicht sonderlich. Solche plötzlich auftretenden Schwächezustände sind ihm nichts Neues. Er ist sogar der Meinung, daß seine Mutter einfach in die Krankheit flüchtet, wenn sie vor einer neuen Situation Angst hat und glaubt, die an sie gestellten Forderungen nicht bewältigen zu können. Diesmal aber ist ihm die Nachricht von ihrer plötzlichen Erkrankung ein willkommener Anlaß, nach Iseltwald zu fahren. Sein Chef hat ihm zwei Tage frei gegeben, nachdem er ihm glaubhaft mit besorgter Miene von der schweren Erkrankung seiner Mutter erzählt hat.

Joachim Frohgemut macht keineswegs einen beunruhigten Eindruck, als er im Speiseraum des Schiffes sitzt, in dem er während der Überfahrt von Interlaken nach Iseltwald genießerisch ein Glas Wein trinkt. Mama wird, darüber ist er sich klar, in ein paar Tagen wieder wohlauf sein und vom Heimreisen sprechen. Er aber will Frau Madeury bitten, sie noch zwei oder drei Wochen länger zu behalten, bis sie sich von diesem Anfall wieder erholt hat. Das gibt ihm Gelegenheit, noch ein paar Wochenenden hier zu verleben, Möglichkeiten, seinem Ziel näherzukommen. Er muß behutsam vorgehen. Liliane darf nicht überrumpelt werden.

Während er nun darauf wartet, daß ihm die Haustür geöffnet wird, kommt sie, an die er augenblicklich denkt, aus dem Garten hinter dem Haus. Sie hat ein rotes Kopftuch um ihr Haar gebunden, trägt ein kornblumenblaues Kleid und eine gestreifte Schürze. Der Korb in ihrer Hand ist mit verschiedenem Gemüse, Salat und Suppenkräutern gefüllt.

Liliane erblickt Joachim Frohgemut, bevor er sie gesehen hat. Tatsächlich — er trägt wieder Blumen, sorgfältig in Seidenpapier gehüllt.

Liliane erschrickt und tritt in den Schutz der Laube. Daß er heute schon kommen würde, hätte sie nicht gedacht. Sie spürt ihr Herz heftig klopfen und muß erst ein paarmal tief atmen, bevor sie sich der Haustür nähert. Jetzt hat er sie entdeckt.

„Li . . ., entschuldigen Sie, Fräulein Liliane, Sie sehen bezaubernd aus, wie der strahlende Sommertag!" Galant nimmt er ihr den Korb ab, legt die Blumen vorsichtig darauf und reicht ihr die Hand.

„Verzeihen Sie, daß ich unangemeldet komme, aber die Sorge um meine Mutter trieb mich her. Ich hatte keine Ruhe mehr."

Liliane will nicht grob sein, aber sie findet es lächerlich, daß er sich bei ihr, dem Dienstmädchen, für sein unangemeldetes Erscheinen entschuldigt. Daß er sich offensichtlich ernsthaft Gedanken um den Gesundheitszustand seiner Mutter macht, kann sie verstehen. So antwortet sie: „Es ist nett von Ihnen, daß Sie die erste Gelegenheit wahrnehmen, um nach Ihrer Mutter zu sehen. Sie wird sich freuen, daß Sie gekommen sind. In bezug auf Ihre Voranmeldung habe ich nichts zu sagen, da ist Frau Madeury maßgebend. Bitte, treten Sie ein!" Sie hat inzwischen die Haustür aufgeschlossen. „Ihre Mutter liegt noch immer im ersten Stock. Sie sind ja hier kein Fremder mehr."

Joachim strahlt. Er wertet Lilianes letzte Bemerkung höher, als sie gemeint ist. „Nein, ich bin hier kein Fremder. Wie schön, daß gerade Sie das sagen. Hier, Fräulein Liliane, die Rosen sind für Sie." Er befreit die Blumen von der Papierhülle.

Wieder rote Rosen, denkt sie. Diesmal ein Strauß nur für mich! Sie nimmt ihn aber nicht an. Freundlich lächelnd erwidert sie: „Nachdem Sie anscheinend Ihrer Mutter keine Blumen gebracht haben, darf ich Sie sicher bitten, ihr die Rosen ans Krankenbett zu bringen. Sie wird sich bestimmt sehr darüber freuen."

Eine neue Abfuhr, denkt Joachim, macht aber gute Miene zum bösen Spiel. „Dann darf ich Ihnen wenigstens die drei schönsten davon geben, drei für Tante Henny und die übrigen für meine Mutter. So ist allen eine kleine Freude gemacht."

Was bleibt Liliane anderes übrig, als die drei Rosen zu nehmen?

„Haben Sie meinen Brief inzwischen erhalten?" fragt Joachim, während er hinter dem Mädchen die Treppen in den ersten Stock hinaufsteigt.

„Ja, danke, ich habe ihn erhalten." Mehr sagt sie nicht.

Frau Madeury ist soeben aus dem Zimmer der Kranken gekommen. Sie begrüßt Joachim.

„Wie geht es Mutter?" fragt er.

„Heute schon bedeutend besser, aber sie fühlt sich noch recht schwach."

Jetzt beteuert Joachim, daß er bei dem Gedanken an sie keine Ruhe mehr gehabt habe. Er dämpft seine Stimme, als er weiterspricht: „Sie hat das letzte Mal, bevor ich abreiste, bereits davon gesprochen, daß sie fürchtet, bald sterben zu müssen. Ich darf nicht daran denken, Tante Henny! Was tue ich ohne meine Mutter? Seit unserem Wiederfinden nach dem Kriegsende weiß ich erst recht, was ich an ihr habe."

Frau Madeury ist erstaunt und gerührt. Nie hätte sie vermutet, daß er so an seiner Mutter hängt. Vielleicht hat sie ihn doch falsch beurteilt?

Und dann sitzt Joachim am Bett der Erkrankten, die überglücklich ist, ihren Jungen so unerwartet bei sich zu haben. Jede positive Handlung seinerseits wird von ihr, die schon so viele Enttäuschungen mit ihm erlebt hat, hoch, vielleicht zu hoch bewertet. Genauso, wie Angst und Schrecken ihren Krankheitszustand steigern, wirkt sich die Freude bei ihr belebend, ja sogar heilsam aus. Liliane kommt kurz herauf mit dem Tablett und bringt das Mittagessen.

„Fräulein Liliane", sagt Frau Frohgemut und strahlt, „ist es nicht lieb von meinem Sohn, daß er zu seiner kranken Mutter kommt, um nach ihr zu sehen? Er sagt, er habe große Sorge um mich gehabt."

„Doch", erwidert das Mädchen, „das ist schön." Dann wendet sie sich an ihn: „Frau Madeury erwartet Sie unten im Eßzimmer. Ich werde jetzt Ihrer Mutter das Essen geben."

„Ach bitte, lassen Sie mich das tun!" sagt Joachim. „Ich bin ja so froh, daß sie wieder etwas zu sich nimmt. Nicht wahr, Fräulein Liliane, ich darf Sie doch ablösen?"

„Wenn Sie es unbedingt wollen, aber ich hätte es gerne getan. Wir haben uns schon so gut aufeinander eingestellt, nicht wahr, Frau Frohgemut?"

Diese nickt. „Joachim, du glaubst nicht, wie lieb Fräulein Liliane mich umsorgt und wie sie mir zuspricht und mich tröstet, wenn die Herznot mir wieder einmal zu schaffen macht. Ich meine, du solltest jetzt zu Tante Henny hinuntergehen. Sonst muß dir Fräulein Liliane nachservieren."

Joachim steht auf. „Ja, Mama, du hast recht! Ich komme nach dem Essen wieder zu dir. Dann setze ich mich ganz still mit meinem Buch auf die Veranda, um dir auch in der

Mittagsruhe möglichst nahe zu sein. Ihnen, Fräulein Liliane, danke ich ganz herzlich, daß Sie sich meiner Mutter so liebevoll annehmen. Wie soll ich das nur wieder gutmachen?"

Vier Tage ist Joachim Frohgemut in Iseltwald. Dann behauptet er, nicht länger vom Geschäft fernbleiben zu dürfen. Er lobt sich selbst: „Mein Chef weiß, daß er sich auf mich verlassen kann. Ich habe ihm zugesagt, am Mittwochmorgen wieder im Betrieb zu sein. Heute ist so wenig Verlaß auf die Angestellten, da kann ich es mir als Abteilungsleiter nicht erlauben, meine freien Tage einfach auszudehnen."

Er wendet sich an Frau Madeury. „Herzlichen Dank, Tante Henny, daß Mama noch einige Zeit bei dir sein darf! In ihrer jetzigen körperlichen Verfassung könnte ich es nicht verantworten, sie alleine in unserer Wohnung zu lassen. Wenn du erlaubst, komme ich in vierzehn Tagen wieder und schaue nach ihr."

„Natürlich darfst du das, Joachim. Das Zimmer, in dem du während deines Hierseins geschlafen hast, steht dir nach wie vor zur Verfügung."

Liliane ist erstaunt. In diesen Tagen war Joachim äußerst zurückhaltend gewesen. Er hatte mit ihr nur wenige Worte gewechselt, und wenn, dann in größter Liebenswürdigkeit. Die Sorge um seine Mutter hat es ihm nicht einmal gestattet, mit ihr den erwünschten Gang zum See zu machen.

„Bitte, verstehen Sie das, Fräulein Liliane, ich möchte mich in diesen wenigen Stunden ganz meiner Mutter widmen."

Nein, das hat sie nicht von ihm erwartet. Hat sie sich doch geirrt? Oder ist es in der Tat so, wie er es in dem Brief geschildert hat, daß er hinter einer Maske sein wahres Wesen verbirgt? Liliane wird unruhig. Darf sie die warnenden Stimmen in ihrem Innern überhören?

Wie gerne würde sie daran glauben, daß er ehrlich ist,

daß er eine Wandlung durchgemacht hat und nun beginnt, seine Worte nicht mehr leichtfertig und gedankenlos dahinzureden. Dann macht sie sich wieder Selbstvorwürfe. Warum beschäftigt sie sich so oft gedanklich mit Joachim Frohgemut? Er hat ihren Weg gekreuzt, nachdem sie jahrelang nur dann und wann flüchtig an ihn gedacht hat. Eine nichtssagende Bekanntschaft, auf keinen Fall mehr. Also kein Grund, auch nur einen Seufzer für ihn zu verschwenden.

Liliane atmet auf, als Joachim Frohgemut wenige Zeit später wieder abreist.

Oder — ist sie enttäuscht? Woher kommt diese Unsicherheit in ihrem Innern?

Joachim Frohgemut sieht noch zweimal nach seiner Mutter. Sein Benehmen ist einwandfrei. Als er zum letzen Mal nach Iseltwald kommt, ist Liliane gerade wieder daheim bei der Mutter. Sie hat einen freien Tag. Sie berichtet, daß es der alten Dame nun wieder besser gehe und daß ihr Sohn in zwei Wochen komme, um sie nach Deutschland zu holen.

„Während ihrer Krankheit hat sie uns viel Mehrarbeit gemacht", erzählt Liliane, „und doch wird sie uns fehlen. Frau Madeury sagt, es sei erstaunlich, wie sie sich im Vergleich zu früheren Jahren verändert hat. Früher muß sie ziemlich egoistisch und eingebildet gewesen sein, aber durch all das Schwere, das sie erlebt hat, scheint sie sich gewandelt zu haben. Ich habe sie mit der Zeit richtig liebgewonnen." Von Joachim spricht Liliane kein Wort.

Wie so oft, geht sie am Abend nicht gleich hinauf ins Chalet. Immer wieder zieht es sie hinunter zum See, an „ihren" See. Sie muß die warmen Abende ausnutzen. Bald kommt der Herbst und mit ihm das stürmische Wetter. Da vergeht einem die Lust, am See zu verweilen.

Auf einer der rot angestrichenen Bänke läßt Liliane sich nieder. Wie funkelnde Diamanten glitzern die Lichter am

Strand von Brienz in der Ferne auf. Von den Hängen der Berge hört man vereinzelt Kuhglocken. Ganz oben aus einer Sennhütte vernimmt man den Klang eines Alphorns. Sonst ist alles still. Leise plätschern die Wellen an den Strand, um dann wieder zurückgespült zu werden. Ein sich ewig wiederholendes Spiel, an dem Liliane sich schon als Kind gefreut hat.

Plötzlich hört sie Schritte. Ohne sich umzuwenden, weiß sie, daß es Joachim Frohgemut ist, der es bisher vermieden hat, sie am See zu treffen.

Wie vor Jahren, als sie hier mit den Brüdern saß, setzt er sich in aller Selbstverständlichkeit neben sie. „Ich wußte, daß ich Sie hier treffen würde", leitet er das Gespräch ein.

Liliane weiß plötzlich, was auf sie zukommt.

„Liliane —" Sie verzeiht ihm, daß er in diesem Augenblick das „Fräulein" wegläßt. „Ich habe Ihnen von Freundschaft geschrieben, und es war mir ernst damit, aber jetzt weiß ich, daß zwischen uns keine Freundschaft möglich ist. Sie bedeuten mir mehr. Liliane, ich liebe Sie, wie ich vorher noch nie ein Mädchen geliebt habe. Ich bitte Sie in dieser Stunde, an diesem Platz: werden Sie meine Frau!"

Er hat ihre Hände ergriffen, und sie überläßt sie ihm für wenige Augenblicke. Dann löst sie ihre Finger aus den seinen, und wieder vergehen einige Sekunden, ehe sie antwortet.

Er traut seinen Ohren nicht und schöpft Hoffnung aus der Tatsache, daß auch sie ihn nur mit dem Vornamen anspricht:

„Joachim, noch vor einem Vierteljahr hätte ich Ihnen wahrscheinlich in ziemlich schroffer Weise mit einem harten ‚Nein' geantwortet."

„Und heute?" Jubel klingt in seiner Stimme. „Ist es heute ein Ja? Ich wußte es, o ich wußte es genau, ich habe meiner Mutter die Versicherung gegeben: Liliane wird meine Frau."

Er will sie umarmen, aber sie wehrt sich.

„Nein, bitte nicht! Lassen Sie mich ausreden. In keiner Weise haben Sie Anlaß zu glauben, daß ich Ihre Frau werde. Aber als ich Ihnen eben sagte, wie ich wohl vor einigen Monaten auf Ihr Ansinnen noch reagiert hätte, wollte ich – um Ihnen gegenüber gerecht zu sein – zum Ausdruck bringen, daß ich mein Urteil über Sie in den letzten Wochen, vor allem seit der Krankheit Ihrer Mutter, geändert habe. Bis dahin sah ich nur den oberflächlichen Mann in Ihnen. Glauben Sie nur nicht, daß ich unempfänglich bin für Ihre Schmeicheleien. Die gingen schon nicht spurlos an mir vorüber, als ich noch ein kleines Mädchen war. Viel weniger jetzt. Ich müßte keine Frau sein. Aber so tief, daß sie mir hätten zum Fallstrick werden können, gingen Ihre Komplimente nicht. Dazu waren sie – verzeihen Sie meine Offenheit – zu plump."

Liliane macht eine kleine Pause. Es fällt ihr nicht leicht, ihre Gedanken so zum Ausdruck zu bringen, wie sie es gewünscht hätte. Andererseits weiß sie, daß in dieser Stunde Klarheit geschafft werden muß.

Joachim Frohgemut aber triumphiert innerlich. Er hat genügend Erfahrungen mit Frauen, darum weiß er genau, daß er sie beeindruckt hat, nachdem sie ihm lange Zeit ablehnend gegenüberstand. Das hatte er auch gewollt. Sein Plan wurde Wirklichkeit. Nun aber hieß es, vorsichtig zu handeln. „Sprechen Sie doch weiter!" bittet er und bemüht sich, seine Ungeduld zu verbergen.

Liliane fährt fort: „Ich habe wohl gemerkt, daß Sie an sich arbeiten, daß Sie bemüht sind, Ihre Eigenart zu zügeln. Vor allem aber hat mich beeindruckt, wie Sie mit Ihrer Mutter umgehen, nachdem Sie erneut von ihrer Erkrankung gehört hatten. Sie kamen bei nächster Gelegenheit, um nach ihr zu sehen und wichen tagelang nicht von ihrem Bett. Ihr Ton ihr gegenüber war ein völlig anderer, und Ihre zarte Rücksichtnahme ist mir nicht entgangen. Ich habe Ihnen in meinem Innern Abbitte leisten müssen. Das wollte ich Ihnen jetzt sagen, denn ich möchte durch mein vorhergehendes Urteil an Ihnen nicht schuldig werden."

Joachim Frohgemut senkt die Augen und erwidert leise: „Ich danke Ihnen, Liliane, ich danke Ihnen! Aber was hält Sie davon ab, mir Ihr Jawort zu geben? Ist es der Altersunterschied? Können Sie sich als Schweizerin nicht vorstellen, einen Deutschen zu heiraten? Ebenso wie Frau Madeury einem Schweizer in seine Heimat folgte, könnte es doch umgekehrt sein. Ach Liliane, ich wollte Sie auf Händen tragen, Ihnen jeden Wunsch von den Augen ablesen und erfüllen, soweit es in meiner Macht stände!"

Liliane schüttelt den Kopf und rückt ein Stück von ihm ab. Auf keinen Fall wird sie zulassen, daß er irgendwie zärtlich wird. „Joachim —", als sie seinen Vornamen ausspricht, bereut sie es bereits wieder, denn er sieht dies als Vertraulichkeit an. Dabei wollte sie ihrer Absage auf diese Weise nur die Härte nehmen, die er vielleicht dabei empfinden könnte.

„Bitte, versuchen Sie, mich zu verstehen", sagt sie. „Erstens müßte ich — so habe ich es mir immer vorgestellt — dem Manne gegenüber, dessen Frau ich einmal werden würde, eine tiefe Zuneigung empfinden, kurz, ich müßte ihn lieben. Aber so, wie eine Frau den Mann liebt, dem sie sich für ihr ganzes Leben anvertraut, liebe ich Sie nicht."

Wieder legt Joachim Frohgemut mehr in ihre Worte, als sie damit sagen wollte. „So nicht —", unterbricht er sie, „aber glauben Sie nicht, daß . . ."

Sie hebt ihre Hand, als wollte sie ihm das Wort abschneiden, und fährt fort. „Nein, Herr Frohgemut."

Und wieder fährt er dazwischen.

„Warum jetzt so förmlich, Liliane?"

„Lassen Sie mich weiterreden. Der Hauptgrund meiner Absage ist der, daß Sie kein Christ sind."

„Woher wollen Sie das wissen?"

„Das spürt man. Das ist nicht zu verbergen. Was uns erfüllt, das strahlen wir aus, Herr Frohgemut."

„Aber haben Sie nicht soeben zum Ausdruck gebracht, daß ich mich geändert hätte?"

„Gewiß, doch das reicht nicht aus. Daß ich eine gewisse Wandlung bei Ihnen feststellte, hat mich ehrlich erfreut, aber es genügt mir nicht, um Ihre Frau zu werden."

„Sie wollen also sagen, daß ich Ihrer nicht wert bin."

Es ist gut, daß es inzwischen dunkel geworden ist, sonst hätte Joachim Lilianes tiefes Erröten gesehen. Erschrocken fragt sie: „Halten Sie mich für überheblich? Bitte, tun Sie das nicht. Ich bin es mir und meinen Eltern — vor allem meinem verstorbenen Vater — schuldig, daß ich hohe Ansprüche an den Mann stelle, in dessen Hände ich mein Leben lege."

„Aber wie wollen Sie wissen, daß ich mich auf diesem Gebiet nicht auch gewandelt habe? Glauben Sie, daß die täglichen Andachten, die Tante Henny hielt, als ich meinen Urlaub hier verbrachte, an mir spurlos vorübergegangen sind? Ich habe sogar wieder angefangen, in Stuttgart zur Kirche zu gehen. Das erste Mal bin ich in eine katholische Kirche geraten, dort sah ich ein Madonnenbild, das war so berauschend schön, daß ich davor auf die Knie gesunken bin, es erinnerte mich ganz stark an Sie!"

Liliane will sich erheben, aber er erfaßt ihre Hand: „Bitte nicht, Sie können jetzt nicht einfach weglaufen. Was habe ich denn nun schon wieder gesagt, das falsch war? Oh, ich erinnere mich noch gut daran, wie Sie mich als kleines Mädchen rügten und mir mit verblüffender Offenheit sagten, was Ihnen an mir nicht gefiel."

„Mir gefällt nicht, daß Sie Ihre Frömmigkeit mit einem Madonnenbild in Verbindung bringen, das mir gleichen soll. Sehen Sie, Christentum ist etwas ganz anderes. Aber ich bin nicht geschult genug, vielleicht auch selbst innerlich noch nicht genug gefestigt, als daß ich es Ihnen wirklich erklären könnte. Jedenfalls kann man kein Christ sein, wenn man nicht betet und nicht unter Gottes Wort kommt. Sie sind hier in Iseltwald nicht ein einziges Mal mit uns in der Kirche gewesen."

„Aber Liliane, so nehmen Sie es mir doch ab, daß ich ein Christ sein möchte. Es mag Ihnen nicht genügen, daß ich getauft und konfirmiert bin, aber als ich die Nachricht von der plötzlichen Erkrankung meiner Mutter durch Tante Henny bekam, habe ich" — er legte die Hand wie zur Beteuerung aufs Herz — „gebetet, Gott solle es nicht zulassen, daß sie stirbt. Ich weiß, daß ich manches an ihr gutzumachen habe. Wäre sie gestorben, ich hätte dazu keine Möglichkeit mehr gehabt."

Er spürt, daß Liliane diesen letzten Worten nachsinnt. Er fährt fort: „Liliane, wenn Sie meine Frau werden würden, durch Sie könnte ich ein völlig neuer Mensch werden, das weiß ich genau. Nie vorher bin ich einer Frau begegnet, wie Sie es sind, so ausgeglichen, von solch unübertrefflicher Schönheit."

„Hören Sie auf!" sagt Liliane. „Lassen Sie doch ein für allemal Ihre Schmeicheleien! Sie imponieren mir damit nicht. Und wenn Sie glauben, daß Sie durch mich ein völlig anderer Mensch werden könnten, irren Sie. Nun will ich Ihnen auch noch den letzten Grund meiner Absage nennen, und er ist nicht weniger gewichtig als der erste: Sehen Sie, immer habe ich mir vorgestellt, wie der Mann sein muß, dem ich mich einmal schenken würde. Immer habe ich mir vor mir selbst die Bedingung gestellt, daß ich die erste Frau sein müsse, die er besitzt. Verstehen Sie mich recht, man kann Bekanntschaften machen, die man wieder löst, weil man erkennt, daß man nicht zueinander paßt. Aber davon rede ich jetzt nicht. Es wird mir auch nicht leicht, das auszusprechen, was mich bewegt. Aber ich glaube, diese Augenblicke sind zu gewichtig, als daß ich Sie über mein Denken im unklaren lassen dürfte." Sie sucht nach Worten.

Er nimmt es ihr ab, auszusprechen, was ihr so schwer fällt zu sagen: „Sie meinen, Sie wollten sich einmal keinem Mann hingeben, der vorher schon zu einer anderen Frau intime Beziehungen gehabt hat?"

„Ja, das meine ich." Liliane schlägt die Augen nieder.

Er schüttelt den Kopf.

„Liebes Kind, glauben Sie wirklich —"

„Bitte: Ich bin kein Kind mehr, und es besteht schon gar kein Anlaß, daß Sie mich so nennen könnten."

„Verzeihung, Liliane, aber glauben Sie wirklich, daß es heute noch so etwas gibt? Bedenken Sie, ich bin siebenunddreißig Jahre alt. Sie erwarten doch nicht, daß ich bisher keine Frau angerührt habe? Die Zeiten sind längst vorbei, daß man sich darauf etwas einbildete, keusch in die Ehe zu gehen."

Liliane springt erregt auf. „Aber ich bilde mir darauf etwas ein, Herr Frohgemut!" Dann mag sie empfinden, daß dies nicht die rechte Art ist, so über diese Lebensfragen zu sprechen. „Nein", korrigiert sie sich, „ich bilde mir nichts darauf ein, aber es war immer mein Grundsatz, mich nur einem Manne hinzugeben, den ich achten und an dessen saubere Vergangenheit ich glauben kann."

Joachim ist ebenfalls aufgestanden. In seiner Stimme liegt ein Ton von Bitterkeit. „Sie lassen es mich sehr deutlich verstehen, daß Sie mich verachten, Fräulein Liliane. Aber geben Sie mir doch wenigstens Gelegenheit, Ihnen zu erklären, wie alles gekommen ist, von einer Rechtfertigung will ich — weiß Gott — absehen."

Liliane nimmt wieder Platz auf der Bank. Er setzt sich neben sie.

„Ich war noch sehr jung, als ich in den Krieg ziehen mußte", beginnt er. „Ob Sie ahnen können, was das für mich bedeutete, unerfahren, wie ich war, verwöhnt und in keiner Weise den Strapazen gewachsen, die von mir gefordert wurden? Gewiß, ich hatte schon vorher kleine Freundschaften gehabt. Es schmeichelte mir, daß die Mädchen mich schon in Königsberg umschwärmten, dann in Davos. Es war überall dasselbe. Ich gebe es offen zu, gewünscht habe ich es schon damals, das Geheimnis des Lebens zu ergründen, intime Beziehungen zu dieser oder jener Freundin zu haben, aber über Zärtlichkeiten, einen Kuß oder etwas mehr ging es nie hinaus. Doch dann kam der Krieg. Wie oft habe ich als junger Kerl mit dem Tod rechnen müssen! Es ergab sich, daß man in einem Dorf untergebracht war, und da fanden sich immer Mädchen, die sich einem für einen Laib Kommisbrot oder für eine Tafel Schokolade oder ein paar Mark hingaben. Später wurden uns solche Mädchen direkt an die Front nachgeschickt. Unsere Vorgesetzten rechneten damit, daß uns der intime Umgang mit Frauen neuen Ansporn gab und die trüben Gedanken vertrieb. Mit ganz wenigen Ausnahmen haben alle die Gelegenheit genutzt. Es gehörte einfach dazu. Einen Katzenjammer bekam deswegen keiner von uns. Wir jungen Kerle begannen, uns als Männer zu fühlen. Mußten wir schon unsere Knochen hinhalten und für das Vaterland ins Gras beißen, stand uns auch das Recht zu, vorher gelebt zu haben!

Ja, so war das damals. Ich hatte ja keinen Vater mehr, der mit mir über solche Lebensprobleme hätte sprechen können. Meine Mutter war dazu gar nicht in der Lage. Sie vergötterte mich als ihren einzigen Jungen. Außer mir hatte sie kein Kind. So kam es denn dazu, daß mein Leben eben so verlief und das aus mir wurde, was nun geworden ist. Natürlich hätte ich mich längst gerne verheiratet. Sie haben ja sicher von Frau Madeury erfahren, wie es meiner Mutter und mir ergangen ist. Wir besaßen nichts mehr, hatten weder eine Wohnung noch Möbel. Ich mußte erst wieder Arbeit finden, eine Existenz aufbauen. Wäre ich alleine gewesen, manches hätte sich leichter abgewickelt, aber für meine Mutter, die sich krankhaft an mich klammerte, war ich doch das einzige, was ihr noch geblieben war. So fing ich eben von vorne an. Verzicht auf der ganzen Linie war mir vorgeschrieben, aber auf eines wollte ich nicht verzichten, und das war die Liebe. Mädchen gab es genug, die sich mir an den Hals warfen und auch das Letzte gaben, ohne daß man ihnen Heiratsversprechen machte."

„Und warum haben Sie keines dieser Mädchen geheiratet?" fragt Liliane.

„Weil ich mir kein einziges dieser Frauenzimmer als die Mutter meiner Kinder vorstellen konnte."

Entsetzt blickt Liliane Joachim Frohgemut an. „So sprechen Sie von Frauen, die sich Ihnen hingaben?"

„Ach Liliane, Sie haben keine Ahnung vom wirklichen Leben, und wahrscheinlich ist es gerade das, was Sie so begehrenswert macht. Noch nie habe ich ein Mädchen kennengelernt, wie Sie es sind. Keine von denen, die ich liebte, strahlte das aus, was aus Ihrem Wesen spricht."

„Herr Frohgemut!"

„Ach, sagen Sie doch einfach Joachim zu mir!"

Liliane geht nicht darauf ein. „Sie sprechen von Liebe, wo ich keine erkenne. Hätten Sie eines dieser Mädchen wirklich geliebt, so hätten Sie, nachdem Sie erreicht hatten, was Sie wollten, nicht zu einem anderen übergehen können. Wo man liebt, hat man den Wunsch, sich nie mehr zu trennen, für immer beieinander zu bleiben, einander zu schützen, zu erfreuen, Freud und Leid miteinander zu teilen. Nein, reden Sie nicht von Liebe, wo nur Leidenschaft und ungezügelte Triebhaftigkeit vorhanden sind."

„Und so was gibt es heute noch?" ruft Joachim aus. „Liliane, gerade diese Gesinnung beweist mir, daß mein Gefühl richtig war, wenn ich keines dieser Mädchen zu meiner Frau hätte machen wollen."

„Und Sie muten mir wirklich zu, als Nachfolgerin dieser Freundinnen oder Geliebten, wie Sie es auch nennen mögen, an Ihrer Seite durchs Leben zu gehen?"

Joachim Frohgemut springt auf. Er ist bis zum Äußersten erregt. „O ich Dummkopf!" ruft er aus. „Natürlich haben Sie recht, wie kann ich verkommenes Subjekt, der ich mein Leben bisher im Sumpf zugebracht habe, mich dem Wahn hingeben, von Ihnen erhört zu werden? Sie, die Reine, die Unangetastete, die Bewahrte, die wahrscheinlich nie eine Stunde solcher Versuchungen erlebt hat, Sie können natürlich nichts von alledem verstehen, was ich durchgemacht habe. Sie sehen nur den, von dem Sie sich in Abscheu wenden!"

„Das ist nicht wahr, ich verabscheue Sie nicht. Ich bemitleide Sie sehr, und weil ich vor Ihnen und vor mir selbst ehrlich sein will, muß ich zugeben, daß ich nach Ihrer Schilderung manches anders beurteile als vorher. Aber am Grundsätzlichen ändert das nichts. Ich kann Sie nicht heiraten, weil ich Sie nicht liebe. Jedenfalls habe ich nicht die Liebe, die eine Frau für den Mann empfinden muß, dem sie sich anvertraut."

Joachim hört einen Unterton aus ihren Worten, an den er sich klammert wie ein Ertrinkender an einen Strohhalm.

„Sie sprechen von einer anderen Liebe?"

„Es fällt mir schwer, darüber zu reden, aber ich will es doch versuchen. Frau Madeury würde jetzt von der Liebe Christi sprechen, die dem Verlorenen nachgeht."

Joachim wendet sich zur Seite, damit das Mädchen das ironische Lächeln nicht sieht, das um seinen Mund spielt. Wie rührend! Ja, so ist es, sie betrachtet ihn als einen verlorenen Sohn. Obgleich er sich in seinem Innern über sie lustig macht, wird sie ihm immer begehrenswerter. Tatsächlich, so etwas ist ihm in seinem ganzen Leben bisher noch nie vorgekommen! Solches Neuland zu erobern lockt ihn unbändig. Ja, er will dieses direkt „erschließen". Natürlich spricht er das nicht aus, aber er wird nicht nachlassen. Noch nie in seinem Leben hat er etwas so sehr begehrt, wie diese saubere, dazu bildschöne Frau. Er muß sie gewinnen, koste es, was es wolle.

„Könnten Sie sich nicht vorstellen", fragt er jetzt, „daß diese Liebe, von der Sie eben geredet haben, der Beginn zu einer Eheschließung sein könnte und daß die andere, die eheliche, daraus hervorgehen könnte?"

„Nein!" erwidert Liliane mit Bestimmtheit, „das kann ich mir nicht vorstellen. Bitte, Herr Frohgemut, beenden wir jetzt das Gespräch. Es ist schon spät geworden. Frau Madeury ängstigt sich um mich."

„Die wird, wie meine Mutter, längst schlafen. Ein Grund, sich zu ängstigen, besteht nicht, denn ich begleite Sie ja sicher nach Hause, das heißt, wenn Sie meine Begleitung nicht ablehnen."

„Das wäre unhöflich."

„Ja, natürlich, Höflichkeit, aber sonst nichts", betont er bitter. „Das hat man ja der kleinen Liliane schon von Kindesbeinen an eingetrichtert, daß man zu den Fremden höflich sein muß, denn von denen ist man abhängig, die bringen das Geld."

Nun erhebt sich auch Liliane. „Das war jetzt nicht freundlich von Ihnen, Herr Frohgemut."

„Verzeihung, Liliane! Ich wollte Sie nicht kränken. Bitte, verstehen Sie, wenn ich mich in diesem Augenblick, an dem ich die größte Niederlage hinnehmen muß, nicht gewählt ausdrücke."

Liliane lenkt ihre Schritte in Richtung Chalet Madeury.

„Sie sprechen von Niederlage", greift sie seine Worte auf, „wahrscheinlich haben Sie noch nie vorher erlebt, daß es auch andere Frauen gibt, die sich nicht einfach nehmen lassen, wie man ein Spielzeug nimmt und wieder wegwirft. Es gibt auch Frauen, die umworben sein wollen, die um ihres Charakters und ihrer Jugend willen begehrt werden. Nein, Herr Frohgemut, es verbindet uns nichts, was eine Gewähr dafür geben könnte, daß wir ein glückliches Paar würden."

Er geht an ihrer Seite, wohl betroffen über ihre Worte. Ja, sie hat ihn zutiefst erkannt, und ihre Bewertung ist erschrekkend richtig. Aber er gibt deswegen nicht auf.

„Liliane", beginnt er aufs neue. „Ich hätte mir denken können, daß Sie derartig reagieren. Wie konnte ich annehmen, daß Sie bereit sein würden, unter meine Vergangenheit einen Schlußstrich zu ziehen."

„Das müßte nicht ich, sondern Sie tun."

„Aber das ist es ja gerade", ruft er leidenschaftlich aus, „was ich die ganze Zeit versuche, Ihnen klarzumachen. Merken Sie denn nicht, wie ernst es mir damit ist? Haben Sie nicht selbst gesagt, daß ich mich bereits geändert habe?"

„Doch, aber wie ich schon sagte, zu einer Eheschließung reicht das nicht."

„Natürlich, das hätte ich mir denken können. Dazu sind Sie sich zu gut. Ja, so seid ihr Frommen! Da erzählt man in sentimentalen Tönen die Geschichte vom verlorenen Sohn, aber wenn es gilt, ihm die Hand zu reichen, um ihn aus dem

Sumpf zu ziehen, dann hat man Angst, man könnte sich seine eigenen, untadelig sauberen Finger beschmutzen, und zieht sich zurück. Den verlorenen Sohn aber läßt man verrecken."

„Aber Herr Frohgemut!"

„Na — ist es vielleicht nicht so?"

Liliane gibt keine Antwort. Schweigend gehen sie nebeneinander her.

Plötzlich merkt Joachim, daß das Mädchen neben ihm weint. Er bleibt stehen und ruft aus: „Liliane, mein Gott, habe ich Sie so verletzt?"

„Bitte, nennen Sie in diesem Zusammenhang nicht den Namen Gottes. Ich wünschte, Sie würden ihn wirklich finden, dann könnte sich Ihr ganzes Leben ändern!"

„Aber gerade dazu sollen Sie mir doch helfen. Alleine komme ich nun einmal nicht aus dem Schlammassel meines bisherigen Lebens heraus. Ich sehne mich wirklich nach einem anderen Dasein. Glauben Sie es mir doch! Nie vorher habe ich einem Menschen solch einen uneingeschränkten Einblick in mein Leben gewährt. Ihnen habe ich geradezu eine Beichte abgelegt, in einer Offenheit, wie sie von mir nicht einmal ein Geistlicher je zu hören bekam. Liliane, Sie sind der Mensch, der mir helfen könnte. An Ihrem Charakter könnte ich mich aufrichten. An Ihrer Reinheit könnte auch ich wieder anständig werden."

„Sie überschätzen die Macht eines Menschen."

Inzwischen sind die beiden, eigentlich ganz ungewollt, zum Anlegesteg gekommen. Still breitet sich der See vor ihnen aus. Es ist so spät geworden, daß nur noch vereinzelte Lichter vom anderen Ufer zu ihnen herüberleuchten. Ein Nachtvogel ist durch ihre Schritte aufgescheucht worden und schwingt sich mit leisem Klagelaut in den nächtlichen Himmel — sonst ist alles still.

„Hier war es, wo wir uns zum ersten Mal begegneten", erinnert Joachim. „Hier hat mir die kleine Liliane Brocken vor die Füße geworfen, die ich bis heute nicht vergessen habe. Oh, ich weiß es noch gut!"

Liliane, die Joachim Frohgemut vom eigentlichen Thema dieses Abends ablenken will, beweist, daß auch sie die Gespräche ihrer ersten Begegnungen nicht vergessen hat. Sie sagt: „Und Sie haben behauptet, daß ich ein hübscher kleiner Fratz und eine süße kleine Kröte bin."

„Das haben Sie nicht vergessen?"

„Nein, weil ich ab jenem Tag öfter vor dem Spiegel stand und von meiner Mutter, die solche Eitelkeit nicht ausstehen konnte, gerügt wurde. Mein Vater ..." Sie zögert, weiterzusprechen.

„Was war mit Ihrem Vater?" drängt Joachim.

Warum soll sie es ihm nicht sagen? denkt Liliane. Und so fährt sie fort: „Mein Vater verbot mir damals, an die Schiffsanlegestelle zu gehen, solange Sie in Iseltwald waren."

„Ach? Daher waren Sie für einige Tage verschwunden?" erinnert er sich lachend.

„Ja, Vater meinte, es sei früh genug, wenn man seiner Tochter in späteren Jahren plumpe Schmeicheleien sage und ihr den Kopf verdrehe."

Joachim rückt ein wenig näher: „Und wie reagieren Sie heute, wenn ein Mann Ihnen sagt, daß Sie bildhübsch sind?"

Liliane rückt augenblicklich von ihm weg, antwortet aber wahrheitsgetreu: „Ich müßte keine Frau sein, wenn ich daran nicht irgendwie Gefallen fände, aber es könnte mich nie dazu bringen, davon wichtige Entscheidungen abhängig zu machen."

„Und damit wären wir wieder beim Ausgangspunkt unseres Gespräches angelangt", stellt er fest und wird augenblicklich wieder ernst. „Sie haben mir nicht den leisesten

Schimmer Hoffnung gelassen. Glauben Sie nicht, daß wir mit der Zeit zueinander hinfinden könnten?"

Sie blickt ihn offen an. „Nein, Herr Frohgemut. Es gibt keinen gemeinsamen Weg für uns. Ich will weiter für Sie beten, wie ich es in all den Jahren getan habe", fügt sie zögernd hinzu, „und wenn wir uns begegnen, wollen wir uns als gute Bekannte grüßen, aber bitte nicht mehr."

Wäre es nicht Liliane gewesen, sondern eine andere, eine von der Art, mit denen er bisher sein Leben vertändelt hat, er hätte sie anfach an sich gerissen und gewaltsam von ihr Besitz ergriffen. Aber Liliane ist eben nicht wie die anderen. Muß er diesmal wirklich der Unterlegene sein? „Nun gut", ruft er grimmig und in bitterer Enttäuschung aus, „dann bleibt mir nichts anderes übrig, als mein altes Leben weiterzuführen, mein einsames und sehnsüchtiges Herz hinter der Maske des spritzigen, einfallsreichen und humorvollen Unterhalters zu verstecken. Keiner außer Ihnen weiß ja in Wirklichkeit, wie es dahinter aussieht. Ich werde mich mit käuflicher Liebe begnügen müssen und eben zum nächsten Liebeserlebnis übergehen, wenn ich von einem Mädchen genug habe. Oh, wie sie mich alle anwidern, diese sinnlichen Weiber! Ich weiß ja, Sie wollen das Wort ‚Liebe' in diesem Zusammenhang nicht hören, aber im Grunde versagen auch Sie mir die wahre Frauenliebe, nach der ich mich sehne."

Seine Stimme wird drohend: „Sie hätten aus mir einen anderen Menschen machen können. Sie haben mich zurückgestoßen in die Nacht eines unwürdigen Daseins! Sie sind schuld an meinem Elend! Denken Sie immer daran!"

„Joachim", sie merkt es gar nicht, daß sie ihn wieder mit dem Vornamen anredet, „ich bitte Sie, hören Sie auf. Es übersteigt meine Kraft. Alles weitere wäre jetzt Erpressung." Sie schluchzt auf. „Bitte, bringen Sie mich jetzt nach Hause. Andernfalls gehe ich allein."

„Verzeihen Sie meine leidenschaftlichen Äußerungen", bittet er zerknirscht und will ihr den Arm reichen, aber sie nimmt ihn nicht. Sie fürchtet sich vor jeder körperlichen Berührung. Schweigend gehen sie nebeneinander her. Schließlich sagt er: „O meine arme Mutter! Wie wird sie enttäuscht sein. Ich habe ihr gesagt, daß ich Sie liebe und nichts so sehr wünschte, als daß Sie meine Frau werden. Unter Tränen hat sie mir geantwortet: ‚Joachim, ich wüßte kein Mädchen, das ich mir so als Schwiegertochter wünsche, wie Fräulein Liliane. Ich liebe sie wie mein eigenes Kind.'"

„Ich habe Ihre Mutter auch lieb", antwortet Liliane leise. „Sie tut mir leid."

Die letzte Wegstrecke legen beide wortlos zurück.

Den Rest der Nacht verbringen sie schlaflos — Joachim zum ersten Mal im Bewußtsein seiner Niederlage: Er ist von einer Frau abgelehnt worden.

Frau Madeury fällt am anderen Morgen auf, daß Liliane sehr bleich und übernächtigt aussieht. Auch bei den Mahlzeiten nimmt sie kaum etwas zu sich. So ist es auch am nächsten und am übernächsten Tag.

„Liliane", fragt sie, „was ist mit dir? Bist du krank?"

„Nein, Frau Madeury."

„Aber irgend etwas stimmt doch nicht mit dir!"

„Darf ich morgen nachmittag zu Ihnen kommen, um mit Ihnen zu reden?"

„Aber natürlich, mein Kind. Willst du es unbedingt bis morgen aufschieben?"

„Ja, bitte, ich kann jetzt noch nicht."

Frau Madeury ist betroffen. Eine tiefe Beunruhigung überfällt sie. Was greift geradezu schmerzhaft nach ihrem Herzen? Sie muß sich bis zum anderen Tag gedulden.

Joachim Frohgemut wird am nächsten Morgen mit einem der Schiffe abreisen. Seine Mutter ist wieder soweit hergestellt, daß er sie am anderen Wochenende holen kann. Augenblicklich sitzt sie mit Frau Madeury im Salon, wo sie mit ihrer Hausgemeinde gerade die Abendandacht halten will. Als Liliane den Raum betritt, bittet sie Frau Madeury, auf dem Flügel ein bestimmtes Lied zu spielen. „Oder hattest du 'was anderes vor?" fragt sie das junge Mädchen.

„Nein", entgegenete Liliane mit gepreßter Stimme.

„Ach, Fräulein Liliane", bittet Frau Frohgemut, „singen Sie doch das Lied, das Sie einmal sangen, als ich krank war. Wie heißt es gleich? Ich weiß nur noch die Worte: Du weißt den Weg für mich, das ist genug."

Liliane überwindet sich. Sie setzt sich an den Flügel und spielt die Melodie des Liedes, das sie nun mit bewegter Stimme singt:

„Weiß ich den Weg auch nicht,
du weißt ihn wohl.
Das macht die Seele still und friedevoll.
Ist's doch umsonst, daß ich mich sorgend müh',
daß ängstlich schlägt mein Herz,
sei's spät, sei's früh."

Plötzlich aber kann sie nicht mehr singen. Sie entschuldigt sich und verläßt das Zimmer. Über Joachim, der ihr bewegt zugehört hat, ist diesmal wirklich eine echte Ergriffenheit gekommen; er folgt ihr. Draußen holt er sie ein und faßt bittend nach ihrer Hand. „Liliane", sagt er, „wenn ihr Christen behauptet, daß es im Leben eines jeden Menschen Führungen gibt, könnte es nicht doch sein, daß Gott uns beide füreinander bestimmt hat? Wären wir uns sonst nach all den gräßlichen Erlebnissen während des Krieges wieder hier begegnet?"

Fragend blickt er sie an.

Sie hat ihm ihre Hand nicht entzogen, ist jedoch so aufgeregt, daß ihr Herz bis zum Hals hinauf schlägt, als müsse es zerspringen. Eine Weile braucht sie, bis sie sich gefaßt hat. Dann blickt sie ihm in die Augen und sagt: „Joachim, ich will deine Frau werden."

Im ersten Augenblick meint er, nicht richtig gehört zu haben. Darf er das glauben? Ist es keine Täuschung?

„Sag es noch einmal!" stößt er hervor.

Sie wiederholt: „Ich habe mich in der letzten Nacht, in der ich keinen Schlaf fand, dazu durchgerungen, deine Frau zu werden."

Am liebsten möchte er sie nun in seine Arme schließen und ihr Gesicht mit Küssen bedecken, aber irgend etwas in seinem Innern verbietet ihm das. Sie ist nicht wie die anderen. So legt er zärtlich den Arm um ihre Schultern und wiederholt einige Male: „Liliane, meine Liliane! Du! Du!"

Dann küßt er sie zart und beinahe scheu auf den Mund.

Sie läßt es geschehen, ist aber nicht fähig, den Kuß zu erwidern.

Als er sie fragt, ob er es gleich den beiden Frauen mitteilen darf, schüttelt sie den Kopf. „Nein, bitte nicht! Laß mich morgen erst alleine mit Frau Madeury sprechen."

„Aber laß dich nicht wieder umstimmen", bittet er, wohl ahnend, auf welchen Widerstand Liliane stoßen würde.

„Ich stehe zu meinem Wort", sagt sie und löst sich aus seinen Armen. „Gute Nacht, Joachim!" Damit steigt sie hinauf in den oberen Stock, in dem ihr Zimmer ist.

Er aber weiß sich vor Glück kaum zu fassen und sieht nicht, daß in ihren Augen nicht der kleinste Schimmer von Freude zu lesen ist.

Seiner Mutter gegenüber kann er nicht schweigen. Als er noch einmal in ihr Zimmer geht, um sich zu verabschieden, ist er wohl noch immer bewegt, aber in seiner Stimme schwingt ein leiser Triumph, als er sagt: „Mama, ich habe die Wette gewonnen."

„Was für eine Wette?“ fragt sie erstaunt.

„Du erinnerst dich doch an unser Gespräch, bevor ich aus meinem Urlaub nach Stuttgart zurückreiste. Ich sagte dir, daß ich Liliane zu heiraten gedenke.“

Fassungslos blickt Frau Frohgemut ihren Sohn an. „Aber das hast du damals doch gar nicht ernst gemeint.“

„Doch, Mama – und sie hat mir vorhin ihr Jawort gegeben.“

„Achim!“ Es ist fast ein Aufschrei. „Ist das dein Ernst, oder machst du mit mir einen Scherz?“

„Nein, es ist die volle Wahrheit! Ich muß dir ehrlich sagen, Mama, ich kann es selbst noch gar nicht recht fassen.“

„Aber, aber – ich – Fräulein Liliane –“, Frau Frohgemut scheint in der Tat ganz durcheinandergekommen zu sein. Sie kann es einfach nicht begreifen. Unbeschreibliche Freude und tiefe Bangigkeit erfüllt gleichzeitig ihr Herz. Sie vermag sich noch nicht vorzustellen, daß dieses unschuldige und doch so reife Mädchen ihre Schwiegertochter werden soll. Dann folgt die jäh nach ihr greifende Angst, ob ihr Sohn fähig sein wird, dieses Kleinod zu hüten.

„O Joachim!“ kann sie nur stammeln, „wirst du ...“

Er legt seine Hand sachte auf ihren Mund. „Sei still, Mama! Ich weiß, was du mir sagen willst. Aber sei gewiß, daß ich alles tun werde, um mich ihrer würdig zu erweisen. Nie im Leben habe ich eine Frau so geliebt. Nie vorher ist mir ein solches Mädchen begegnet.“

„Was sagt Tante Henny dazu?“

„Sie weiß es noch nicht. Liliane will morgen selbst mit ihr sprechen, wenn ich abgereist bin.“

„Was wird sie dazu sagen? Ich fürchte, sie –“

„Sprich es nur aus. Sie wird nicht glücklich darüber sein und Liliane abraten, aber ich habe ihr Versprechen. Liliane wird zu ihrem Wort stehen.“

„O Joachim!“ Frau Frohgemut blickt ihren Sohn ratlos an. „Wie ist es möglich, daß man zu gleicher Zeit so froh, aber auch so unglücklich sein kann?“

Joachim ist zu seiner eigenen Verwunderung nicht ganz so glücklich darüber, daß er sein Ziel erreicht hat, wie er es sich vorgestellt hat. Vor seiner Abreise findet er einen Briefumschlag, darin auf einem Bogen Papier folgende Zeilen stehen:

„Lieber Joachim!

Bitte, sei mir nicht böse, daß ich mich nicht von Dir verabschiede. Ich werde Frau Madeury bitten, dringende Besorgungen in Interlaken machen zu dürfen und fahre mit dem Rad dorthin. Versuche nicht, mich in der Stadt zu finden. Du hast ohnehin nicht viel Aufenthalt. Dein Zug fährt zwanzig Minuten nach Ankunft des Schiffes vom Westbahnhof ab. Wenn Du keine Gelegenheit hast, vom Ostbahnhof zum Westbahnhof zu fahren, mußt Du eben eine Taxe nehmen, damit Du den Schnellzug erreichst. Also suche mich nicht.

Es ist auch gut, wenn wir uns bis zu Deinem Wiederkommen nicht sehen. Habe bitte Verständnis dafür. Ich muß jetzt erst wieder zu mir selbst finden. Ein wenig fürchte ich mich vor der Unterredung mit Frau Madeury. Ich weiß, daß sie mich gern hat. Deiner Mutter wirst Du es bereits gesagt haben. Mit ihr werde ich heute abend sprechen. Sie soll eine treu sorgende Tochter an mir haben.

Gott gebe zu meinem Entschluß und zu unserer gemeinsamen Zukunft seinen Segen.

Mit diesem Wunsch grüßt Dich

Liliane.“

Joachim liest diesen Brief ein zweites, ein drittes Mal. Er ist ein klein wenig enttäuscht. Liebesschwüre und Zärtlichkeitsausbrüche hat er wahrhaftig nicht erwartet, aber dieser erste Gruß aus der Hand derer, die in Kürze seine Ehefau sein wird, hat auch nicht die geringste Ähnlichkeit mit einem Liebesbrief. Nicht einmal das Wörtchen „Deine“ ist darin zu finden. Nur ganz kurz: „Mit diesem Wunsch grüßt Dich Liliane.“

Doch will er jetzt weder Forderungen stellen noch enttäuscht sein. Was er erreicht hat, ist weit mehr als das, was er noch vor wenigen Tagen erwartet hätte. Schließlich ist sie trotz allem auch ein Mensch aus Fleisch und Blut. Er muß nur warten können ...

Was werden seine Freunde und Geschäftskollegen sagen, wenn er sich mit dieser Frau sehen läßt — mit einer solchen Schönheit! Er lächelt vor sich hin. Gab es das schon einmal? Eine fromme Schönheit? Sie wird die Attraktion des Jahres werden!

Frau Madeury ist die Sorge nicht losgeworden. Sie ahnt zwar, was auf sie zukommt, will es aber nicht wahrhaben. Nein, es ist geradezu undenkbar, sich so etwas überhaupt vorzustellen.

Am Nachmittag sitzt Liliane vor ihr, während Frau Frohgemut einen ausgedehnten Mittagsschlaf macht, wie sie es gewöhnlich tut, und sagt ohne Umschweife: „Frau Madeury, ich habe mich entschlossen, Joachims Frau zu werden.“

Obgleich diese es befürchtet hat, hebt sie nun zur Abwehr die Hände und ruft spontan aus: „Nein — Liliane — bitte — nein!“

Das Mädchen hat keine andere Reaktion erwartet. Es läßt daher alles still über sich ergehen.

Nun redet Frau Madeury in ängstlicher Weise auf sie ein: „Liliane, das kann nicht dein Ernst sein. Du handelst aus irgendeiner Idee, aus einem Wahn heraus. Ich kann mir nicht helfen, wenn ich dich so ansehe, du siehst wahrhaftig nicht aus wie eine glückliche Braut. Um alles in der Welt, sage mir, was hat Joachim getan, daß du dich zu diesem Schritt entschlossen hast?" Sie wartet keine Antwort ab. Entgegen ihrer sonstigen ruhigen und ausgeglichenen Art fährt sie erregt fort: „Wohl ist er der Sohn meiner Freundin. Aber gerade deshalb weiß ich, daß er ein oberflächlicher, leichtsinniger Mensch ist. Du bist nicht die erste Frau, die er begehrt oder besessen hat. Liliane, ich bin zwar nicht deine Mutter, aber ich liebe dich wie eine Tochter. Ich kann und darf nicht zusehen, wie du in dein Unglück rennst. Ich weiß nicht, ob du Joachim schon ein festes Versprechen gegeben hast, aber wie dem auch sei, mache die Sache unbedingt rückgängig."

„Das ist nicht mehr möglich."

Frau Madeurys Augen blicken entsetzt auf das Mädchen. Liliane errät ihre Gedanken. Sie errötet tief und ist erschrocken, daß ihre mütterliche Freundin ihr solches zutraut. Dann sagt sie fast tonlos: „Es ist nicht so, wie Sie meinen. Ich bekomme kein Kind von ihm. Sie kennen doch meine Grundsätze auf diesem Gebiet."

„Eben", beeilt sich Frau Madeury zu sagen. „Auch meine Ansicht darüber ist dir bekannt. Und doch würde ich nicht wagen, zwei junge Menschen, die sich von Herzen liebhaben und kurz vor der Hochzeit stehen, zu verurteilen, wenn sie meinen, nicht warten zu können. Aber ich würde zu ihnen trotzdem von der Einsetzung der Ehe bei der Schöpfung durch Gott sprechen und ihnen sagen, was darüber in der Bibel steht. Aber was rede ich da auf dich ein? Du bist mir einfach zu schade, Nachfolgerin jener Verschiedenen zu werden, mit denen Joachim sich schon eingelassen hat. Liliane, ich bin zutiefst davon überzeugt, daß du ihn gar nicht richtig liebst."

Das Mädchen schweigt. In sich hineinlauschend, sitzt es

vor Frau Madeury. Hat es die letzten Worte nicht gehört? Frau Madeury möchte die Arme um Liliane legen, sie schützen vor dem, was auf sie zukommen wird. Was ist nur mit dem Mädchen geschehen? Noch einmal wiederholt sie: „Nicht wahr, du liebst Joachim doch nicht, oder?"

Auch jetzt dauert es eine Weile, bis Liliane antwortet. Wie ganz anders klingt ihre Stimme: „Doch, Frau Madeury, ich liebe ihn, aber eben anders."

„Anders?" Frau Madeury ist aufgestanden und steht nun neben dem Stuhl des Mädchens. In großer Aufregung sagt sie: „Liliane, was willst du mit diesem ‚anders' sagen? Du gibst dich einer Selbsttäuschung hin. Joachim will dich nicht anders, als er die bisherigen Frauen gehabt hat. Er will dich vor allem körperlich. Seine Vorstellungen von der Ehe befassen sich ausschließlich mit dem sexuellen Gebiet. Du weißt, was man heute im großen ganzen Liebe nennt: geschlechtliche Befriedigung. Sie ist auch etwas Beglückendes — Gott hat ja nichts Gemeines geschaffen. Doch die Menschen haben in ihrer Triebhaftigkeit und ungezügelten Leidenschaft dieses Geschenk Gottes erniedrigt und in den Schmutz gezogen. O Liliane, hätte ich doch schon viel früher mit dir über all dieses gesprochen! Du sagst, du liebst ihn anders. Du liebst ihn, weil du von seinen Abwegen, von seinen Irrwegen weißt und meinst, du könntest ihm helfen. Du wirst es nicht können. Er wird sich nicht helfen lassen. Er will diese Art Liebe nicht."

Liliane blickt eine Weile auf ihre Hände. Sie hat sie gefaltet. Dann sagt sie: „Ich habe einmal ein Buch gelesen, dessen Titel hieß: ‚Einer Liebe Opferweg'. Frau Madeury, diesen Weg muß ich gehen."

Die mütterliche Freundin versucht es noch auf alle mögliche Art und Weise, Liliane zu überzeugen. Sie weiß, es kann nicht gut gehen, es wird ein Unglück geben. Aber

Liliane bleibt dabei: „Ich habe ihm mein Wort gegeben, und ich werde es halten."

„Aber er ist doch kein Christ. Kannst du dir vorstellen, daß ihr miteinander beten könnt? Ihr werdet Kinder haben. Wird er sie christlich erziehen können? Wird er ihnen als Vater ein Vorbild sein? Weißt du, Liliane, was alles davon abhängt? Weißt du, was in einer solchen Ehe auf dich zukommt?"

„Ich habe ihm das alles gesagt, und er hat mir versprochen, mit mir die Gottesdienste zu besuchen. Er will sich ja ändern und hat sich schon wesentlich geändert, Frau Madeury. Denken Sie doch, wie anders er schon mit seiner Mutter umgeht."

„Ich will gewiß kein liebloses und voreingenommenes Urteil abgeben, aber das alles kann Berechnung sein! Liliane, es gibt ein Wort in der Bibel, das heißt: ‚Was hat die Finsternis mit dem Licht zu schaffen?' Dir war es bis jetzt ein Bedürfnis, dich von allem Schmutz, der sich in unserer Zeit in erschreckender Weise ausbreitet, fernzuhalten." Frau Madeury vermag ihre Tränen aus lauter Angst um das Mädchen nicht länger zurückzuhalten. „Du warst in der Tat ein Kind des Lichts, und nun soll ich dich einen Weg gehen lassen, der unweigerlich in die Finsternis führen muß? Und wenn du dich auch gegen alles, was gemein und niedrig ist, sträubst, du wirst doch damit in Berührung kommen und schließlich daran zerbrechen. Du wirst zugrunde gehen, Liliane!"

Liliane ist tief bewegt, aber sie kann nicht zurück, so meint sie wenigstens. Hat sie sich nicht in der vergangenen schlaflosen Nacht zu diesem Entschluß durchgerungen? Wahrlich, er ist ihr nicht leicht gefallen. Aber muß nicht ein Mensch dasein, der Joachim zurechthilft?

„Selbst Gott verlangt dieses Opfer nicht von dir", sagt Frau Madeury. „In der Bibel kannst du lesen, daß er sogar strikt gegen eine solche Verbindung ist: ‚Ziehet nicht am fremden Joch mit den Ungläubigen!'"

Aber es ist, als höre sie keinen einzigen gut gemeinten Ratschlag. Sie läßt sich von ihrem Entschluß nicht abbringen.

„Ich muß Joachim helfen und ihm beweisen, daß es noch andere Frauen gibt außer denen, die er bisher kennengelernt hat", sagt sie.

„Mußt gerade du das sein?" entfährt es Frau Madeury. „Du mutest dir etwas zu, was deine Kräfte weit übersteigt."

„Kann Gott mir nicht die Kraft geben, die ich dazu benötige?"

Was soll Frau Madeury dazu sagen? Beschämt sie das Vertrauen dieses Mädchens nicht? Liliane ist trotz ihrer Reife so weltfremd, so unerfahren. Was weiß sie von dem, was auf sie zukommt?

Frau Madeury macht noch einen weiteren Versuch: „Liliane, glaube mir, Liebe kann nicht bestehen, wo man einen Menschen nicht achten kann."

„Aber es ist doch keine sinnliche, es ist doch eine andere Liebe, die mich erfüllt."

Frau Madeury ringt verzweifelt die Hände. Was kann sie nur tun, um das Mädchen vor seinem Unglück zu bewahren? „Hast du dir schon einmal Gedanken darüber gemacht, daß die Mentalität der Deutschen und die der Schweizer völlig anders ist?"

„Aber Sie sind doch selbst Deutsche und haben einen Schweizer geheiratet und waren sehr glücklich mit ihm!"

Frau Madeury merkt, daß ihre soeben vorgebrachten Argumente nicht stichhaltig genug sind. Sie gibt es zu: „Ja, du hast recht, Liliane, es war ein fadenscheiniger Vergleich, und wenn auch ein Ostpreuße und ein Schweizer viel Gegensätzliches haben, so ist doch auch manches Gemeinsame vorhanden, nur —"

Liliane ist inzwischen aufgestanden. Nun kann sie nicht anders. Sie tut, was sie bisher noch nie getan hat. Ihr dankbares Herz treibt sie einfach dazu, Frau Madeury zu umarmen. Sie legt ihre Wange an die ihre und muß sich schwer beherrschen, um nicht loszuweinen. Sie sagt: „Ich weiß, Frau Madeury, daß Sie mein Bestes wollen, ja, ich weiß, daß Sie mich liebhaben. Aber — ich muß diesen Weg gehen. Niemand kann mir die Entscheidung abnehmen. Glauben Sie nur nicht, daß es mir leicht fiel, Joachim mein Jawort zu geben. Als er jedoch sagte: ‚So seid ihr Christen, da sprecht ihr vom verlorenen Sohn, daß er heimkehren darf; aber wenn er die Hand nach euch ausstreckt, dann habt ihr Angst, daß ihr euch besudeln könntet und zieht euch zurück', ist es mir wie Schuppen von den Augen gefallen. Mir war, als würde ich schuldig an ihm und als sei ich die Ursache, wenn er noch viel tiefer sinkt und schließlich ganz verkommt."

Frau Madeury schüttelt den Kopf. Ist denn das Mädchen von allen guten Geistern verlassen? Lebt sie wirklich in dem Wahn, daß sie diesen Menschen halten und bewahren kann? Wenn sie noch unsterblich in ihn verliebt wäre, aber das ist offensichtlich nicht der Fall. Oder sollte in ihr etwas vorgehen, worüber sie nicht sprechen kann? Ist sie von einer törichten Eitelkeit erfaßt worden, weil dieser gut gekleidete, redegewandte Mensch ihr schmeichelt, ihre Schönheit preist und behauptet, nie vorher einer so vollkommenen Frau begegnet zu sein? Nein, das sähe Liliane in keiner Weise ähnlich.

Frau Madeury wagt einen neuen Vorstoß: „Du willst Joachim aus lauter Mitleid heiraten. Dein Verhältnis ihm gegenüber ist ähnlich dem, das du dem armen, kleinen Pierre in Lausanne entgegenbrachtest, nur daß dieser von Geburt aus krank war. Du fühlst dich einfach verpflichtet, allen Kranken, Schwachen und Elenden, denen du begegnest, zu helfen. Ach, Liliane, werde lieber Krankenschwester oder ergreife einen sozialen Beruf, aber werde nicht die Frau eines Mannes, der dein Opfer nicht wert ist!"

„Und wenn bisher wirklich niemand dagewesen wäre, der ihm zurechthelfen wollte?"

Schon will Frau Madeury entgegnen, daß er ja seine Mutter gehabt hat, die für ihn dagewesen ist, doch dann denkt sie daran, daß gerade ihre törichte Liebe und ihre Verwöhnung zum größten Teil schuld sind, daß er sich so entwickelt hat. Jetzt, nachdem Gretchen dies selbst einsieht und nun die notvollen Geschehnisse auch von Gott annimmt, ist es zu spät. Ihr Einfluß reicht nicht aus. Plötzlich kommt ihr der Gedanke: Wenn Gott es in der Tat zuließe, daß Liliane ihm zu einem neuen Leben verhilft? Könnte es so etwas nicht auch einmal geben? Nach dem darauffolgenden Einwand greift sie wie nach einem Rettungsanker.

„Um eines möchte ich dich in dieser Stunde bitten, Liliane: Wenn du schon diesen mir unbegreiflichen Entschluß gefaßt hast und Joachim heiraten willst, so überstürze wenigstens nichts. Warte noch ein, zwei Jahre. Wenn er sich in dieser Zeit bewährt und anders wird, dann kannst du noch immer seine Frau werden. Was weißt du von ihm und von seinem Leben?"

Liliane spürt, Frau Madeury erhofft eine Änderung durch den Aufschub der Dinge, aber vielleicht fürchtet sie, daß sie dann selber nicht mehr den Mut und die Kraft hat, ihrem Vorsatz treu zu bleiben. Sie muß ihr Wort halten: „Versuchen Sie nicht, mich umzustimmen. Wenn ich den festen Entschluß gefaßt habe, dann muß ich auch an Joachims Mutter denken. Wer schaut nach ihr, wenn Joachim im Geschäft ist? Wer pflegt sie, wenn sie krank ist? Schon jetzt wirkt sie uralt, obgleich sie erst fünfundsechzig ist. Sie wird immer schwächer werden. Ich glaube, sie hat mich schon in ihr

Herz geschlossen, und mir wird es nicht schwerfallen, sie zu pflegen."

„Und deine Mutter, Liliane?"

„An sie habe ich bisher noch nicht gedacht. Für sie wird es sehr schwer sein."

„Du hattest dir vorgenommen, Iseltwald nie zu verlassen." Frau Madeury hat diese Worte noch nicht ausgesprochen, da weiß sie auch schon, daß sie mit diesem Argument noch weit weniger erreichen wird als mit allen bisherigen. Ein Blick in Lilianes Augen läßt sie erkennen, daß sie jetzt nicht weiter auf sie einreden darf. Nein, wie eine glückliche Braut sieht das Mädchen nicht aus. Je länger desto rätselhafter wird ihr Lilianes Verhalten. Es bleibt ihr nichts anderes übrig, als sie Gottes Händen zu überlassen. Sie hofft, daß noch irgend etwas dazwischenkommen möchte, um den Vorsatz Lilianes nicht zur Tat werden zu lassen. Frau Madeury denkt mit Bitternis an die nächste Begegnung mit Frau Frohgemut. Hat sich das Ganze wirklich in den letzten zwei Tagen abgespielt? Sollte Gretchen vorher von allem nichts gewußt haben?

Als Frau Frohgemut am Abend zum Essen erscheint, macht auch sie keinen frohen Eindruck. Schuldbewußt sieht sie Frau Madeury an. Dann sagt sie, bevor Liliane das Eßzimmer betritt und die Speisen aufträgt: „Henny, ich kann wirklich nichts dafür, daß es so gekommen ist. Kannst du begreifen, daß ich mir um Liliane Sorgen mache und gleichzeitig überglücklich bin, daß sie meine Schwiegertochter werden wird?"

Die Freundin möchte ihr am liebsten antworten: Du hast die Pflicht, Liliane davor zu warnen, Joachims Frau zu werden. Du weißt mehr als irgendein anderer, wie leichtfertig Joachim ist und daß er das Mädchen ins Unglück stürzt ... Aber sie spricht es nicht aus. Ihr ist plötzlich klar, daß Liliane sich in den Gedanken verrannt hat, Joachim vor dem völligen

Untergang zu retten. Selbst die Warnung seiner Mutter würde an ihrem Vorhaben nichts ändern. Schließlich hofft Frau Frohgemut im stillen doch, daß es Liliane noch am ersten gelingen kann, ihren Sohn auf den rechten Weg zu bringen.

Es wird eine schweigsame Mahlzeit. Die Gedanken der drei Frauen, die um den Tisch sitzen, gehen dabei dieselben Wege. Frau Madeury hat Mühe, Gedankengänge zu unterdrücken, die sie nie für möglich gehalten hätte: schließlich gefällt Liliane sich noch in der Rolle einer Märtyrerin ... Dann aber schämt sie sich. Nein, nicht so — nur verrannt, völlig verrannt hat sich das Mädchen! Von einer Liebe zu Joachim ist auch nicht die geringste Spur vorhanden. Das Ganze ist einfach unfaßlich!

Am selben Abend betritt Liliane noch einmal ganz leise das Zimmer von Frau Frohgemut.

Es ist, als ob diese auf sie gewartet hätte, denn sie liegt noch wach. Beide Arme streckt sie ihr entgegen. „Mein Kind, meine geliebte Tochter!" sagt sie in tiefer Bewegung. „Komm, laß dich umarmen!"

Liliane hat sich einen Sessel ans Bett gezogen und läßt sich darin nieder. Sie kann kein Wort sprechen. Es ist ihr nicht möglich, Frau Frohgemut Mutter zu nennen. Fast käme es ihr wie ein Verrat an ihrer eigenen Mutter vor, die von allem überhaupt noch nichts weiß. Nun streichelt sie die Hände, die die ihren umklammert haben und legt die Daunendecke fürsorglich über den schmächtigen Körper der Frau, deren Augen strahlen wie nie zuvor.

„Ich glaube, dies ist der glücklichste Tag meines Lebens", sagt Frau Frohgemut. „Ich habe eine liebe Tochter bekommen." Ihr Gesicht wird für einen kurzen Augenblick überschattet: „Du wirst es nicht immer leicht haben, Liliane. Es bedeutet eine große Umstellung für dich, Joachim ist oft schwierig, aber deine Liebe wird ihn überwinden."

Liliane erkennt, wie sehr Frau Frohgemut hofft, daß sich ihr Sohn durch seine Beziehung zu ihr ändert, und will ihr diese Hoffnung nicht zerstören. So antwortet sie: „Ja, die Liebe vermag alles", und denkt dabei an eine ganz andere Art von Liebe.

Als Liliane sich erhebt und die alte Dame ihr eine gute Nacht wünscht, bittet sie: „Willst du nicht, wie Joachim, Mama zu mir sagen?"

Das Mädchen küßt sie behutsam auf die Wange: „Schlafe gut, Mama! Gott behüte dich!"

Drei Frauen unter einem Dach, die in dieser Nacht nicht schlafen können: Frau Madeury vor Aufregung und vor Angst und Sorge um Liliane. — Jene im Wissen um die große Wende ihres Lebens. Sie ist zwar nicht von tiefem Glück erfüllt, aber ruhig im Gedanken daran, durch ihr Tun einem Menschen zur Umkehr verhelfen zu können. Sie ist sich klar, daß es kein leichter Weg ist, der vor ihr liegt, aber, so meint sie in dieser Stunde, das Opfer würde sich lohnen. Es muß sich lohnen. — Was ist nur über Liliane hereingebrochen, daß sie sich einem solchen Fanatismus hingibt? Sie, die sonst so nüchtern und sachlich ist? Haben die Worte und Schilderungen Joachims derart suggestiv auf sie gewirkt? Hat er, dem es ein Leichtes ist, Menschen zu unterhalten, sie durch seine Späße zum Lachen zu bringen, auch sie in seinen Bann gezogen?

Liliane sieht alles nur von einem Standpunkt: Joachim will ein anderer Mensch werden, aber einer muß ihm dabei helfen. Also will ich es sein!

Frau Frohgemut findet in dieser Nacht keinen Schlaf, weil ihr Herz voller Glück und Dankbarkeit ist: Immer wieder flüstert sie vor sich hin: „Hab Dank, lieber Gott, hab Dank! Ich will Liliane eine gute Mutter sein und, soviel an mir liegt, soll sie nie bereuen müssen, Joachim geheiratet zu haben."

Zur selben Stunde sitzt dieser in Stuttgart in einem Weinlokal, in dem er schon längere Zeit als Stammgast bekannt ist, umgeben von einer Schar Freunden, die er eingeladen hat und freihält.

Als er ihnen mitteilt, daß er zu heiraten gedenkt, brechen sie in ein schallendes Gelächter aus. „Joachim! Du und heiraten? Wie oft hast du das schon behauptet!"

Er aber schüttelt entschieden den Kopf. „Diesmal ist es ernst. Ihr werdet sie kennenlernen. Sie ist schön wie die Mona Lisa, fromm wie eine Nonne und, und — ach — sie hat so viele Vorzüge, daß ich sie gar nicht aufzählen kann."

Die Freunde amüsieren sich köstlich, wissen sie doch, welche Rolle die Frauen bisher in Joachims Leben gespielt haben. Einer, der schon ein wenig zu tief ins Glas geblickt hat, fängt an zu singen: „Du kannst nicht treu sein, nein, nein, das kannst du nicht!"

Als Joachim erzählt, daß sie aus der Schweiz komme, trällert ein anderer einen verunglückten Jodler. Irgendwie fühlt sich Joachim von ihrer Art abgestoßen. Er meint, es nicht ertragen zu können, daß seine Liliane, so nennt er sie bereits, in dieser schon leicht angetrunkenen Gesellschaft herabgewürdigt wird, bevor er sie überhaupt vorgestellt hat. Er spielt den Gekränkten und ist auch wirklich beleidigt. „Kein Wort werdet ihr mehr von ihr hören", sagt er. „Ihr seid alle nicht wert" — er sucht nach einem passenden Ausdruck — „ihr ..."

„... die Schuhriemen aufzulösen", feixt einer, und die anderen brüllen wieder laut los.

Nun scheinen sie aber doch zu merken, daß Joachim ernstlich böse ist. Jetzt erhebt einer sein Glas: „Auf das Wohl deiner Herzallerliebsten, Joachim!" Die andern tun es ihm nach, und Joachim läßt sich beschwichtigen. Er wird es ihnen schon beweisen, daß es diesmal eine ernste Sache ist. Einen Moment schließt er die Augen, als wäre es ihm dadurch leichter, sich das Bild seiner Liliane vorzustellen. In Gedanken hört er sie mit ernster Miene sagen: „Joachim, ich will deine Frau werden!"

„Pst!" flüstert einer seiner Freunde, „stört ihn nicht, er betet! Joachim ist fromm geworden!"

Da steht er auf und verläßt zur Verwunderung der übrigen Gäste mit kurzem Gruß das Lokal.

„Sind wir ihm zu nahe getreten? Er war doch sonst nicht so", stellt einer fest.

„Was soll's, kommt, wir zechen noch eine Runde!" ruft ein anderer gröhlend dazwischen.

In einem kleinen Dorf im Elsaß, unweit der deutschen Grenze, wohnt Lilianes Patenonkel Ruedi Stucki, ein Bruder ihres verstorbenen Vaters.

In diesen Tagen trägt ihm der Postbote einen Brief von seiner Schwägerin aus der Schweiz zu. Er liest:

Iseltwald, den 30. Oktober 1950

Lieber Schwager!

Du hast lange nichts von uns gehört. Aber dieser Brief bringt Dir einige Neuigkeiten: Markus hat sich verlobt — mit der Tochter des Fischers über dem See, wo er auch seine Lehrzeit verbracht hat. Er wollte wie Vater Fischer werden. Im Winter arbeitet er in der Sägemühle. Seine Braut ist ein liebes, bescheidenes Mädchen, das wir alle schon in unser Herz geschlossen haben. Markus wird eine gute Frau an ihr haben. Im Frühjahr möchten sie heiraten.

Doch der eigentliche Grund meines Schreibens ist dieser: Unsere Liliane, Dein Patenkind, hat uns eine große Überraschung bereitet. Sie hat uns vor die vollendete Tatsache gestellt, daß sie Ende des Monats November mit einem Deutschen die Ehe schließt. Du kannst Dir wohl vorstellen, wie traurig wir sind, daß unsere Große, unsere liebe Liliane, uns verläßt. Natürlich hat sie vor, uns mit ihrem zukünftigen Mann so oft wie möglich zu besuchen, aber bis nach Stuttgart ist es immerhin eine weite Strecke, und außerdem kennen wir den Mann, den sie heiratet, gar nicht. Ein einziges Mal haben wir ihn gesehen. Ehrlich gesagt, wir haben alle das Gefühl, als passe er nicht in unsere Familie. Er ist so großspurig, so laut und wichtigtuerisch. Daß er Deutscher ist, stört mich nicht. Ich habe schon sehr nette, ruhige und bescheidene Deutsche als Gäste gehabt, und Frau Madeury, bei der Liliane jetzt acht Jahre als Haustochter war und bei der sie es sehr gut gehabt hat, ist auch Deutsche. Sie hat einen Schweizer geheiratet. Aber wir alle können es einfach nicht verstehen, wie Liliane dazu kommt, diesen Menschen zu heiraten. Er hat zwar eine sehr liebe Mutter, die Liliane bereits ins Herz geschlossen hat, aber man heiratet ja nicht die Schwiegermutter.

Liliane ist nie ein lautes Kind gewesen, doch jetzt ist sie erschreckend still geworden, und es schmerzt mich, daß sie mich, ihre Mutter, so wenig teilnehmen läßt an ihrem Geschehen. Ich weiß nicht, was sie an diesem Mann so anziehend findet. Eins ist sicher, unser junges Brautpaar Markus und Marteli machen einen viel glücklicheren Eindruck. Liliane gibt mir Rätsel auf. Nie habe ich mir vorstellen können, daß sie einmal die Heimat verlassen würde, sie, die immer ein Heimwehkind war.

Als ich kürzlich an einem Sonntagnachmittag mit ihr zu Vaters Grab ging, liefen wir noch miteinander ein Stück am See entlang. Es geht uns ja allen gleich, daß wir ihn viel weniger auf dem Gottesacker suchen, sondern meinen, er sei uns am See näher, da, wo er für uns gearbeitet und von wo aus er uns verlassen hat. An diesem Nachmittag, als wir eine Weile schweigend am Ufer standen, hat Liliane plötzlich gesagt: „Mueti, bevor ich in die französische Schweiz fuhr, hat Vater mir auf einem Zettel einige Worte mitgegeben. Sieh, hier ist er. Ich trage ihn immer bei mir." Und da las ich, von Vaters lieber Hand geschrieben: Frage nicht in erster Linie nach dem, was du möchtest, sondern nach dem, was deine Pflicht ist. Und dann noch einen anderen Ausspruch: Sorge immer dafür, daß du einen offenen Himmel über dir hast.

Der Zettel sah schon recht mitgenommen aus. Liliane muß ihn oft in der Hand gehabt haben. Als ich sie fragend anblickte, sagte sie: „Mueti, ich weiß, du verstehst nicht, warum ich so plötzlich Joachim heirate. Nur soviel kann ich dir sagen: Ich darf nicht danach fragen, was ich möchte, sondern was meine Pflicht ist."

Lieber Ruedi, kannst du verstehen, daß mein Herz schwer ist, wenn ich an diese Hochzeit, noch mehr aber, wenn ich an die Zukunft meiner Liliane denke? Das Maitli hat mir bisher noch nie ernstlich Sorgen bereitet. Jetzt verstehe ich sie nicht mehr. Als der Herr Pfarrer kürzlich einen Besuch bei mir machte, habe ich ihm meine Angst um Liliane gesagt. Er meint, sie sei jetzt alt genug, um selbst entscheiden zu können. Damit hat er wohl recht, aber sie bleibt eben doch mein Kind, und ich würde sie gerne vor schweren Enttäuschungen bewahren.

Lieber Schwager, da Du Lilianes Patenonkel bist, dürfen wir sicher damit rechnen, daß Du zur Hochzeit kommst. Frau Madeury hat es sich nicht nehmen lassen, das Fest bei sich im Chalet zu gestalten. Außerdem schenkt sie Liliane die Möbel für ihr Wohnzimmer und für das Schlafzimmer, dazu noch die ganze Aussteuer an Bett- und Tischwäsche. Das ist mehr, als ich mir je vorzustellen wagte. Aber auf alles würde ich gerne verzichten, wenn meine Tochter hier bliebe und einen Mann nähme, der auch mir als Mutter zusagt.

Nun habe ich den längsten Brief meines Lebens geschrieben. Er würde wohl noch viel länger, wenn ich Dir all meine Sorgen um Liliane mitteilen würde. Aber ein wenig habe ich meinem bedrückten Herzen doch Luft machen können. Nicht wahr, Du kommst zu Lilianes Hochzeit? Bis dahin grüßt Dich herzlich

Deine Schwägerin Anny mit Kindern.

Bedächtig legt Ruedi Stucki die Briefbogen zusammen und zurück in den Umschlag. Dann nickt er vor sich hin: Man merkt, daß die Anny viel mit Fremden zu tun hat. Solch einen Brief hätte ich nie fertig gebracht. Wie die sich ausdrücken kann!

Als er aber am letzten Samstag im November zum Hochzeitsfest seiner Patentochter erscheint, ergreift er das Wort, um eine kleine Tischrede zu halten.

Er bemüht sich sehr, Schriftdeutsch zu sprechen, weil er annimmt, daß die neue Verwandtschaft weder Schwitzerdütsch noch Elsäßisch versteht; und so erhebt er sich beim Mittagessen im Chalet Madeury von seinem Platz und wendet sich in seiner ruhigen und bedächtigen Art vor allem an Liliane, die in ihrem schlichten weißen Kleid und dem Brautschleier erschreckend bleich und ernst aussieht.

„Liebes Patenkind!“ beginnt er seine Ansprache. „Erwarte keine lange Rede von mir. Du weißt, ich habe immer zu den Stillen im Lande gehört. Aber da du heute deinen großen Festtag hast, wird es sich wohl gehören, daß dein Pate dir ein Wort mit auf den Weg gibt.

Ich habe mich lange besonnen, was es für ein Wort sein könnte. Dann habe ich nach dem Buch gegriffen, das mir noch immer den besten Rat gegeben hat, nach der Bibel, und als ich hin und her blätterte, bin ich zum Prediger Salomo gekommen. Das war ein weiser Mann, wie du noch aus der Schulzeit wissen wirst. Da habe ich das Wort von der Ruhe gelesen: ‚Besser eine Hand voll Ruhe als beide Fäuste voll mit Mühe und haschen nach Wind'.

So wie ich dich kenne, Liliane, gehörst du nicht zu denen, die nach Wind haschen, also nach dem Vergänglichen und Nichtssagenden. Aber es könnte sein, daß das Leben, das vor dir liegt, unruhig wird und du in einen Wirbel hineingezogen wirst, der dir bisher fremd war. Du ziehst, wie ich höre, in eine große Stadt. Vielleicht bekommst du da manchmal Angst und hast Heimweh nach dem kleinen Iseltwald und dem stillen See. Da wünsch ich dir nun, Liliane, daß du an jedem Tag eine Hand voll Ruhe haben mögest. Es heißt im Prediger Salomo nicht, ein Sack voll Ruhe oder einen Kessel voll Ruhe, sondern einfach eine Hand voll Ruhe. Wie du das zu verstehen hast, wirst du wissen: Inmitten aller Alltagssorgen, aller Arbeit und Mühe, die auch für dich und deinen Mann nicht ausbleiben werden, immer wieder eine kleine Weile zu dir selber kommen, stille werden, die Hände falten, sich neu ausrichten lassen, nach oben blicken. Das verstehe ich unter einer Hand voll Ruhe. Und diese Hand voll Ruhe wünsche ich dir für jeden Tag deiner Ehe. Dich aber", er wendet sich an Joachim, „möchte ich bitten, ihr diese Hand voll Ruhe zu gönnen, ihr dazu zu verhelfen, sie wird es brauchen können. Noch schöner aber würde es sein, wenn ihr beide gemeinsam diese Hand voll Ruhe täglich empfangen könntet."

Der Mann aus dem Elsaß wirft einen fast scheuen Blick zum Pfarrer, der als Gast des Hauses auch an der Tafel sitzt.

Er sagt: „Vielleicht denkt der Herr Pfarrer, es sei eine Vermessenheit von mir, weil ich nicht studiert habe, ein Wort aus der Bibel auslegen zu wollen. Sie mögen es mir nicht verübeln, Herr Pfarrer. Unsereins, der in seinem Leben öfter dahin gekommen ist, die Schatzkammer Gottes aufzusuchen, wenn Trost und Hilfe nötig sind, der macht sich eben seine eigenen Gedanken, auch wenn sie oft holperig sind. Sie können es natürlich viel besser. Nichts für ungut, Herr Pfarrer."

Damit setzt sich der Patenonkel wieder auf seinen Platz. Keiner spricht ein Wort.

Joachim Frohgemut blickt unsicher, ja fast verlegen von einem zum andern. Das will bei ihm schon etwas heißen! Er ist gewöhnt, daß bei Festlichkeiten — zumal bei einer Hochzeitsfeier — nach Tischreden applaudiert und das Glas erhoben wird. Hier ist alles anders. Es könnte geradezu eine Grabrede gehalten worden sein. Aber er macht gute Miene zum bösen Spiel. Was bleibt ihm anderes übrig? Seine ganze Brautwerbung und sein Versuch, Kontakt mit der Familie seiner jungen Frau aufzunehmen, verliefen schon ganz anders als alles bisher erlebte.

Bereits bei Frau Madeury fing es an. Daß sie nicht himmelhochjauchzend reagieren würde, hatte er gewußt. Unverkennbar war ihre Reaktion gewesen. Schon als er noch ein ganz junger Mensch war, hatte sie ihm oft widersprochen. Vor einigen Wochen hat sie keinen Hehl daraus gemacht, daß ihre Auffassungen nicht mit den seinen übereinstimmten. Er hat gedacht, ihr eine Ehre zu erweisen, wenn er sie offiziell um die Hand ihrer Pflegetochter bitten würde. Sie aber hat fast befremdend kühl geantwortet: „Joachim, ich habe Liliane lieb wie eine eigene Tochter, aber sie besitzt immerhin noch eine Mutter. Keinen Augenblick würde ich daran denken, ihr die Rechte zu nehmen, die ihr zustehen. Du mußt dich schon ins Fischerhüsli bemühen und Frau

Stucki um die Hand ihrer Tochter bitten. Sie ist zwar eine sehr einfache, aber weise Frau. Ich habe eine hohe Meinung von ihr. Vielleicht darf ich auch noch darauf aufmerksam machen, daß du sie mit geschwollenen Redensarten eher abstoßen als beeindrucken wirst."

„Aber Tante Henny!" hatte er ein wenig gekränkt geantwortet, „ich — und geschwollene Redensarten!"

„Unterlaß bitte deinen Handkuß, du bringst Frau Stucki damit nur in Verlegenheit."

„In Ostpreußen war man das in unseren Kreisen nicht anders gewöhnt."

„Aber du bist hier nicht in Ostpreußen, sondern in der Schweiz. Du weißt, ich kann über solche Gepflogenheiten hinwegsehen, aber Frau Stucki wäre sicher befremdet. Damit du weißt, daß ich Liliane wie meine Tochter betrachte, will ich dir sagen, daß sie von mir als Hochzeitsgabe die Einrichtung für euer Wohnzimmer und ebenso die Möbel für euer Schlafzimmer bekommt, dazu die Tisch- und Bettwäsche."

Joachim war entzückt gewesen: „Oh, Tante Henny! Das ist ja großartig! Hab vielen, vielen Dank!" Nun bekommt sie den Handkuß, der heimlich schon Frau Stucki zugedacht war.

„Am besten wäre es, wenn du uns das Geld gibst, damit wir in Deutschland die Möbel und das andere kaufen können, meinst du nicht?"

„Ich habe mich bereits erkundigt. Da Liliane Schweizerin ist, kann sie ohne weiteres ihre Aussteuer mit über die Grenze nehmen, wenn sie heiratet."

Das hatte Joachim nicht gefallen. Viel lieber hätte er das Geld bar in der Hand gehabt. Dann wird er eben die Summe, die er durch den Lastenausgleich zu erwarten hat, dafür verwenden, um sich seine speziellen persönlichen Wünsche zu erfüllen. Er triumphierte, weil er die Großzügigkeit der wohlhabenden Tante Henny nicht falsch kalkuliert hat. So hatte er sich über ihre Hand gebeugt: „Wie sollen wir dir nur danken können für das, was du uns zugedacht hast?"

Sie war auf diese Frage nicht eingegangen. Im Grunde genommen erwartete er ohnehin keine Antwort, aber es war ihr dennoch ein Anliegen gewesen, in ehrlicher Weise zu sagen, daß sie im Gedanken an diese Heirat nicht glücklich ist.

„Joachim, ich will aufrichtig sein, auch zu dir. So sehr ich dir eine gute Frau wünsche, so sehr bange ich um Liliane. Sie ist sehr sensibel, sie zerbricht an deiner Rücksichtslosigkeit und deinem Mangel an Takt und Mitgefühl."

„Dies alles sprichst du mir ab, Tante Henny?" hatte er gefragt und sah nun wirklich betroffen aus. „Ich liebe Liliane, wie ich nie zuvor eine Frau geliebt habe, und ich will alles tun, um sie glücklich zu machen, das verspreche ich dir in dieser Stunde."

Frau Madeury war sich klar gewesen, daß er es in diesem Augenblick wirklich so meinte, aber würde er es halten können? So hatte sie abschließend gesagt: „Gebe Gott, daß du dein Vorhaben zur Tat werden läßt!"

Dies alles war in den wenigen Wochen vor der Hochzeit geschehen. Auch zu Frau Stucki war Joachim gemeinsam mit Liliane gegangen. Als er die schlichte Frau vor sich sah, die ihn stumm mit prüfendem Blick anschaute, verging es ihm ganz von selbst, einen seiner Wortschwalle auf sie loszulassen. Hier war es vergeblich, zu täuschen. Liliane hatte ihm geholfen, indem sie sagte: „Mutter, das ist Joachim Frohgemut, mein zukünftiger Mann."

Da war es, als blättere Frau Stucki gedanklich im Buche ihrer Erinnerung zurück. Fragend hatte sie ihre Tochter angeblickt. „Frohgemut?" sagte sie. „Habe ich diesen Namen nicht schon einmal gehört?" Joachim hatte eifrig geantwortet:

„Ja gewiß, Liliane und ich, wir haben uns vor vielen Jahren hier in Iseltwald kennengelernt. Da war ich bei der Freundin meiner Mutter zur Erholung und hatte einige Male am Anlegesteg ein Gespräch mit dem kleinen Mädchen im roten Mäntelchen." Liliane war errötet. Nun sprach er es selbst aus, was sie bisher vorsätzlich gemieden hatte. Der Mutter schienen die Zusammenhänge klar geworden zu sein. „Isch des öppe ...?" Vor Aufregung war sie nun doch wieder ins Schwitzerdütsch verfallen, korrigierte sich aber gleich und wiederholte die Frage: „Ist das etwa der Herr, dem es gar nicht in Iseltwald gefiel und der dir damals törichte Dinge zuflüsterte, so daß ich dich nachher einige Male vor dem Spiegel traf?"

Joachim sah Liliane erwartungsvoll an. Was würde sie antworten?

Sie nickte, und ein winziges Lächeln huschte über ihr Gesicht. „Jo Mueti, er isch's!"

Frau Stucki hatte keine Miene verzogen. Ernst sah sie ihre Tochter an. „Du muesch's wisse, Liliane, aber liebr wär m'rs anders gsi."

Zu Joachim gewandt sagte sie: „Meine Tochter ist in einem Alter, in dem ich ihr die Entscheidungen nicht mehr abnehmen kann. Wenn sie sich entschlossen hat, Sie zu heiraten, so hoffe ich nur, daß dies die rechte Wahl ist. Ich kenne Sie nicht, Herr Frohgemut, aber ich hoffe, Sie werden begreifen, wie schwer es einer Mutter wird, wenn sie ihr Kind in ein fremdes Land und in die Hände eines fremden Menschen geben soll. Seien Sie gut zu Liliane!"

Dann hatte sie die beiden rechten Hände des Brautpaares ergriffen und sie zusammengelegt, hatte ihre Hand darüber ausgebreitet und in tiefer Bewegung gesagt: „Der Herr segne euch und behüte euch, der Herr erhebe sein Angesicht über euch und sei euch gnädig! So hat meine Mutter zu uns gesprochen, als Vater sie um ihren Segen zu unserer Eheschließung bat. Ich gebe euch diese Worte weiter. Der Herr sei mit euch!"

Liliane standen Tränen in den Augen, als sie die Mutter umarmte und sagte: „Mueti, i cha nit erwarte, daß du mi verschtohsch, aber i bitt di, tue m'r vertraue."

Der sonst so redegewandte Joachim hatte kein Wort erwidert. Auf dem Rückweg sagte er nur zu Liliane: „Tante Henny hat recht, deine Mutter ist eine große Frau."

Aus Lilianes Tagebuchaufzeichnungen

März 1952

Als ich mich nach unserer Hochzeit von Frau Madeury verabschiedete, gab sie mir dieses in rotes Leder eingebundene Tagebuch. Dabei sagte sie: „Schreibe hinein, was dich bewegt, es wird dir helfen. Nicht immer wirst du Menschen um dich haben, denen du dein Herz ausschütten kannst. Ganz abgesehen von Trost und Kraft, die dir durch das Gebet zufließen. Daß du davon Gebrauch machen wirst, weiß ich. Aber es kann dir manchmal auch eine Hilfe sein, wenn du deine Gedanken niederschreibst. Etwas, was man aussprechen kann, belastet nicht mehr so stark." Ja, ich erinnere mich noch genau! So hat meine liebe Frau Madeury gesprochen, als sie mir das rote Buch in die Hand legte.

Mehr als ein Jahr ist seitdem vergangen. Erst heute mache ich den ersten Eintrag. Es fehlte mir nicht an Zeit, dies früher zu tun. Zeit hatte ich oft mehr als genug, unausgefüllte, leere Zeit, andererseits aber auch eine Fülle von Aufgaben, daß ich manchmal kaum wußte, wie ich damit fertig werden sollte. Die leeren und daher so schweren Stunden waren meistens abends, wenn mein Mann nicht zu Hause war und ich oft halbe Nächte mit klopfendem Herzen wachlag und auf ihn wartete, gleichzeitig davor bangend, in welchem Zustand er nach Hause kommen würde.

Doch sollte ich wohl der Reihe nach meine Erlebnisse niederschreiben. Zwar frage ich mich, für wen eigentlich? Etwa für meine kleine Tochter, die vor zwölf Tagen geboren wurde und neben mir in einem Wäschekorb liegt? Ob diese Niederschrift ihr je im Leben etwas bedeuten oder ihr gar bei wichtigen Entscheidungen helfen, sie warnen könnte? Trotz allem — ich will beginnen. Immer wieder werfe ich einen Blick auf mein Kind, die kleine Lili. Seit ihrem Dasein empfindet mein Herz wieder Freude. Sie war wie erloschen, mein

Inneres war wie tot. Erst seitdem ich die zarten Bewegungen meines Kindes unter meinem Herzen spürte, begann es lichter zu werden. Es war wie das Erwachen nach einer unheimlich dunklen Nacht.

Daß es kein leichter Weg sein würde, den ich gewählt hatte, war mir von vornherein klar gewesen, daß ich aber in eine derartige Dunkelheit geraten würde, hatte ich nie geahnt. Und doch hätte ich es wissen müssen, denn alle, die mir nahe standen, hatten mich gewarnt, händeringend und unter Tränen. Ich höre Frau Madeury noch sagen: „Liliane, du weißt nicht, was auf dich zukommt! Du wirst in deiner Sensibilität daran zerbrechen!"

Aber ich lebte wie in einem Wahn, dieses Opfer bringen zu müssen, um meinen Mann zu retten. Wiederholt hatte er ja zu mir gesagt: „Du alleine bist imstande, aus mir einen anderen Menschen zu machen." Ob es mir gelingen würde? Jedenfalls wollte ich mich dafür hergeben, mit dem ganzen Einsatz meines Lebens und, wie ich meinte, meiner Liebe. Ich wußte, daß ich nicht imstande war, Joachim die Liebe entgegenzubringen, die er erwartete. Das habe ich ihm auch unzweideutig gesagt, aber er war voller Zuversicht. Schon heute, nach dem ersten Jahr unserer Ehe, weiß ich, daß ich mich einer Selbsttäuschung hingab. Ich kann als Krankenschwester oder Missionar Menschen erbarmende Liebe entgegenbringen. Tiefes Mitleid kann zur Liebe werden, und diese Liebe ist nicht geringer einzuschätzen als die eheliche Liebe. Aber eine Ehe einzugehen, ohne den Partner zu lieben, wie man ihn als Frau lieben muß, das ist ein Unrecht. Das ist mir schon nach kurzer Zeit klar geworden.

Doch ich greife jetzt vor. Nach der Hochzeit reisten Joachim und ich ins Berner Oberland. In einem Hotel in Adelboden hatte mein Mann ein Zimmer für uns bestellt. Immer wieder sah er mich auf der Fahrt fragend an. „Du siehst gar nicht froh aus, Liliane! Freust du dich kein bißchen auf all das, was wir jetzt gemeinsam erleben werden?"

Ich versuchte, mich zusammenzureißen und war ihm gegenüber wenigstens freundlich und aufgeschlossen. Die uns umgebende landschaftliche Schönheit verfehlte ihren Eindruck auch auf mich nicht. Allerdings war es nicht die günstigste Jahreszeit — überall lag Schnee, wohin das Auge blickte. Joachim bemühte sich sehr um mich. Es war unverkennbar: Er war überglücklich, daß ich nun seine Frau geworden war. Ich aber fürchtete mich plötzlich. Als er mich im Hotelzimmer in seine Arme schließen wollte, war ich nicht imstande, meine Angst zu verbergen.

„Bitte, hab' Geduld mit mir!" bat ich ihn. „Es ist alles so neu für mich. Du weißt, du bist der erste Mann in meinem Leben." Da lachte er auf, und sein Lachen verletzte mich. „Du wirst dich bald an das Neue gewöhnt haben." Wenn ich heimlich gehofft hatte, er würde meine Bitte um Geduld recht verstehen und aus Liebe zu mir wenigstens einige Tage warten, so hatte ich mich geirrt ... Ich erlebte den nächsten Tag, ja, nicht nur diesen, sondern auch die folgenden an Leib und Seele zerschlagen. Schon damals, auf der Hochzeitsreise, war es mir klar, daß ich mich versündigt hatte, indem ich einen Mann, im Wahn, sein Wesen ändern zu können, ohne Liebe geheiratet hatte. Ich kam mir richtig erniedrigt vor. Keine freudige Erwartung war vorhanden, wie dies doch zwischen Eheleuten sein sollte, nur Angst und Abwehr. Das steigerte sich bis zum Ekel. Kein Wunder, daß auch mein Mann unzufrieden, ja, enttäuscht war. Hätte er wenigstens geschwiegen oder aber liebevolles Verständnis gezeigt, aber seine Worte machten alles nur noch viel schlimmer. Sie verletzten mich unsagbar.

„Daß du so dumm sein würdest, hätte ich nicht gedacht! Natürlich, wenn man in einem solchen Kuhnest aufgewachsen ist wie du — aber warte nur, bald —" Nein, ich kann nicht niederschreiben, wie er sich ausdrückte! So kam es schon auf unserer Hochzeitsreise zum ersten Zerwürfnis. „Ich bin keine Dirne!" schrie ich ihn eines Nachts in meiner Verzweiflung an. „Begreifst du denn nicht, daß ich erst nach und nach in all das Neue hineinwachsen muß? Ist es dir denn nicht möglich, mit mir ein wenig behutsam umzugehen? Ich fühle mich durch dich erniedrigt und werde, wenn du nicht Rücksicht auf meine Empfindungen nehmen kannst, vor dir und vor mir bald jede Achtung verloren haben."

Er mußte in jener Stunde wohl spüren, daß er die Ehe mit mir mit anderen Voraussetzungen hätte beginnen müssen. So bemühte er sich, Rücksicht zu nehmen, mir Zeit zu lassen. Aber weil er nie gelernt hatte, Verzicht zu üben, warf er seine Vorsätze bald wieder um. Ich war seine Frau, ich hatte für ihn dazusein, seine Forderungen zu erfüllen, ohne Rücksicht darauf, wie mir zumute war. Oh, wieviel Tränen habe ich auf dieser Hochzeitsreise vergossen! Es gab Augenblicke, in denen ich meinte, ihn heimlich verlassen oder ihm ins Gesicht hinein sagen zu müssen: „Solch ein Leben ertrage ich nicht! Ich gehe zurück nach Iseltwald, ganz gleich, was alle davon denken!" Aber ich vermochte es dann doch nicht, und wenn ich an meine Schwiegermutter dachte, an das namenlose Herzeleid, was ich ihr damit zufügen würde, dann war ich bereit, den Opferweg weiterzugehen.

In mir war ein großes Erschrecken, eine tiefe Enttäuschung aufgebrochen. So konnte die Ehe nach dem Willen Gottes doch nie und nimmer gedacht sein! Es fehlte nicht viel, und ich hätte mich gegen seinen Schöpfungsgedanken aufgelehnt. Dann aber wurde mir klar, daß es nicht Gottes Schuld ist, wenn der von der Sünde gezeichnete und durchdrungene Mensch das eheliche Zusammenleben erniedrigt und unter die Gier seiner ungezügelten Triebe stellt. Wie ganz anders würde alles sein, wo zwei Menschen auf allen Lebensgebieten unter Gott standen, wo sie verbunden waren durch eine tiefe, von Gott gewirkte Liebe. Aufs neue wurde mir klar: Ich war schuldig geworden, ja sogar schuldig an meinem Mann, dem ich das, was er von mir erwartete, einfach nicht entgegenbringen konnte, weil ich mich nicht mit der Wirklichkeit auseinandergesetzt hatte.

In den ersten Monaten lebten wir noch in den zwei Zimmern einer licht- und freudlosen Altstadtwohnung. Zwar hatte Joachim mir gesagt, daß er eine größere, schöne Wohnung in einem Vorort Stuttgarts in Aussicht habe, jedoch klappte es mit dieser dann doch nicht, und wir mußten uns wieder auf Wohnungssuche begeben. Mir war klar, daß so wenige Jahre nach dem Krieg, in dem viele Städte in Trümmer fielen, das Wohnungsproblem schwierig blieb. Es lag also nicht nur an Joachim, daß wir uns noch immer stark einschränken mußten. Aber mich selbst fragte ich, ob ich wirklich nicht mehr in der Lage gewesen war, klar zu denken. Warum hatte ich nicht, wie Frau Madeury mich inständig gebeten hatte, gewartet? Es lag doch kein Grund vor, die Eheschließung zu überstürzen! Wenn ich gedanklich zurückblätterte, erinnerte ich mich wieder daran, warum ich Joachims Drängen nachgegeben habe. Es war einfach meine Angst um ihn, von dem ich wußte, daß er seiner Veranlagung nach nicht imstande gewesen wäre, längere Zeit ohne eine Frau zu sein. Und da ich mir in den Kopf gesetzt hatte, ihm zu helfen, ihn aus dem Sumpf, in dem er steckte, herauszuziehen, sah ich in jedem Aufschub unserer Eheschließung eine neue Gefährdung für ihn.

Zwar konnten meine Mutter als auch Frau Madeury es nicht begreifen, daß ich vorher nicht mindestens einmal nach Stuttgart reiste, um mir die Wohnung anzusehen, in der ich meinen Ehestand beginnen sollte. Ich hatte auch vor, es zu tun, aber Joachim wußte es zu verhüten, indem er immer wieder mit einer neuen Nachricht kam. In kürzester Zeit würde uns die neue Wohnung zugesprochen. Es habe keinen Sinn, vorher nach Stuttgart zu fahren. Schon wegen des Kaufs der neuen Möbel müsse ich wissen, wie die Maße der neuen Räume seien. Dies schien mir glaubwürdig, und ich sah von einer Reise ab.

Später behauptete Joachim, das Wohnungsamt würde ihm keine Genehmigung geben, die größere Wohnung zu beziehen, wenn er nicht vorher verheiratet sei. Ich vermochte dies nicht nachzuprüfen, aber es leuchtete mir schließlich ein. Oh, wie gerne wollte ich ihm glauben! So wurde also der Hochzeitstag Hals über Kopf festgesetzt, und da ich mich nicht umstimmen ließ, hörten Frau Madeury und meine Mutter auf, mir Ratschläge zu erteilen. Wahrscheinlich dachten sie: Liliane muß ihre eigenen Erfahrungen machen. Beide aber umgaben mich mit noch größerer Liebe als zuvor, aus der ich ihre Sorge um mich spürte.

Für mich gab es kein Zurück mehr. Ich glaube, ich hätte mich mit Selbstvorwürfen schier zu Tode gefoltert. In dem nun hinter mir liegenden ersten Ehejahr habe ich allerdings eine weitere Erkenntnis gewonnen. Wenn ein Mann wie Joachim solche Drohungen ausspricht wie: „Sie sind schuld, wenn es mit mir immer mehr bergab geht! Sie hätten mir helfen können, aber Sie stoßen mich in den Sumpf zurück!", dann sind sie nicht so wichtig zu nehmen. Joachim ist es nie schwer gefallen, Worte zu finden. Er ist nicht nur ein Schwätzer, er versteht auch zu täuschen. Das geschah, als er vorgab, fromm werden zu wollen, auch bei seinem plötzlich zur Schau getragenen herzlichen Verhältnis zu seiner Mutter. Jedenfalls hatte er sein Ziel erreicht und mich dahin gebracht, daß ich der Überzeugung war, an ihm schuldig zu werden, wenn ich ihn nicht heiratete.

Ich schien vergessen zu haben, wie er mir früher auf die Nerven ging mit seinem arroganten Wesen. Ich dachte nicht mehr daran, wie unsympathisch er auf mich wirkte. Ich sah ihn nur an einem Abgrund stehen und mir die Hände entgegenstecken: „Hilf mir, sonst stürze ich in die Tiefe!" Alles logische Denken schien in mir ausgelöscht zu sein. Alle Warnungen meiner Nächsten prallten an mir ab. Ich handelte wie unter einem Zwang. Dabei habe ich mir die Entscheidung wirklich nicht leicht gemacht. Oder war es im geheimen vielleicht doch ein gewisser Hochmut, den ich aber nicht erkannte, daß gerade ich dazu auserwählt sein wollte, diesem Menschen zu einem neuen Leben zu verhelfen?

Wie bitter habe ich — wenn es so gewesen sein sollte — dafür zahlen müssen!

So hausten wir also fast ein halbes Jahr auf engstem Raum beieinander. Für mich war das sehr schwer, weil ich doch die großen, hellen Räume bei Frau Madeury gewöhnt war. Kein Baum, keine Blume, kein Hälmchen Gras wuchsen vor unseren Fenstern. Wohin ich auch blickte, nur kahle Mauern, kaum ein Stückchen Himmel war zu sehen.

Auch hier hatte er mich getäuscht. Seine Schilderungen waren nicht vergleichbar mit der Wirklichkeit, die ich nun erlebte. Es ist wohl etwas vom Furchtbarsten, wenn eine Frau erkennen muß, daß ihr Mann sie belügt und hintergeht. Sehr bald schon habe ich begriffen, was es bedeutete, daß mein Patenonkel mir an unserem Hochzeitstag empfahl, täglich wenigstens für eine Hand voll Ruhe zu sorgen. Eins ist sicher: Schon in diesem Jahr wäre ich an der Last, die ich mir selbst auferlegt habe, zugrunde gegangen. Wie oft bin ich, wenn Joachim im Geschäft war, in meinem Zimmer auf die Knie gegangen und habe zu Gott geschrien. Ich wollte Joachim retten, welch ein Wahn! Wenn einer in der Verworrenheit des Lebens meines Mannes noch eine Änderung zustande bringen kann, dann ist es allein Gott. Das wurde mir in jener Zeit klar.

Eine Nachbarin fragte mich eines Tages höhnisch: „Sie glauben doch nicht, daß Ihr Mann seine verschiedenen Freundschaften aufgegeben hat?" Ich muß sie so entgeistert angesehen haben, daß sie, um ihre Worte abzuschwächen, stotterte: „Behaupten will ich natürlich nichts, aber wenn ein Mann vorher — so wie der Ihre, immer wieder ein anderes Mädchen — aber natürlich kann er sich geändert haben!"

Ich hätte laut aufschreien mögen, konnte aber nur erwidern: „Bitte, wollen Sie mir in Zukunft solche Dinge nicht mehr sagen? Von seiner Vergangenheit hat mein Mann selbst zu mir gesprochen. Jetzt aber ist das anders. Er weiß, daß er verheiratet ist."

„Wenn's nur stimmt!" hat sie hämisch gesagt und mich stehen lassen. Ich aber bin in meine kümmerliche Wohnung gewankt und dort beinahe zusammengebrochen. Doch dann konnte ich vor Gott still werden und all das ablegen, was mir die Nachbarsfrau hingeworfen hat. Nein, ich durfte nicht anfangen, an meinem Mann zu zweifeln! Er hatte mir versprochen, ein neues Leben zu beginnen, und es wäre nicht recht von mir gewesen, ihm seine Vergangenheit vorzuwerfen.

Gut war es, daß meine Schwiegermutter bei uns wohnte. Von diesem Gespräch mit der Nachbarin habe ich ihr allerdings nichts gesagt. Warum sollte ich sie damit belasten? Aussprechen, wie ich es bei Frau Madeury hätte tun können, konnte ich mich bei ihr nicht. Sie war so zart und kämpfte dauernd gegen irgendeine Krankheit an. Sie benötigte meinen Zuspruch und meine Hilfe. Sie konnte mir nicht helfen, aber ihre Liebe tat mir wohl, und mit dieser umgab sie mich Tag für Tag.

Wenn ich dann wieder einmal zu ihr flüchtete, blickte sie

mir mütterlich besorgt in die Augen und streichelte meine Wangen: „Ist's wieder einmal schwer, Liliane? Nicht wahr, du hast Heimweh?" Sie drang nicht in mich und erwartete wohl auch nicht, daß ich Klage führte über Joachim. Wie hätte ich es auch tun können, war und blieb er doch ihr ein und alles! In einer ganz besonders schweren Stunde half sie mir mehr, als sie selbst ahnte, indem sie fragte: „Liliane, wollen wir beide nicht einmal zusammen beten?" Oh, wie gerne wollte ich! Von da an kamen wir jeden Tag zusammen — zu einer Hand voll Ruhe, zum Stillewerden vor Gott. Ich wüßte nicht, was mir mehr hätte helfen können als das Gebet.

Wie gerne würde ich auch mit Joachim gebetet haben. Aber er lehnte es ab, er, der mir versprochen hatte, mit mir den Weg des Glaubens zu gehen. Ein- oder zweimal war er mit mir in der Kirche, doch dann hatte er immer wieder Ausflüchte. Daß ich das Tischgebet einführte, ließ er mit ironischem Lächeln zu. „Mir schmeckt es auch ohne das", sagte er, „aber bitte, damit du siehst, daß ich mein dir gegebenes Wort halte, tue ich es. Aber das sage ich dir: Wenn wir Besuch haben, dann läßt du das gefälligst sein."

Wie sehr sehnte ich mich aus unseren unmöglichen Wohnverhältnissen heraus. Am neuen Platz, an dem niemand Joachims Vergangenheit kannte, wollte ich mit ihm einen ganz neuen Anfang machen. Ach, wenn doch auch er dazu bereit wäre!

Schon in den ersten Wochen unserer Ehe wollt er mich natürlich auch seinen Freunden vorstellen. „Muß das sein?" fragte ich ängstlich. Mir bangte davor, hatte er doch schon einige Male von seinen feuchtfröhlichen Abenden erzählt. Wiederholt war er von ihnen nicht mehr nüchtern zurückgekehrt. Das war etwas vom Schlimmsten, wenn er angetrunken nach Hause kam und wütend wurde, weil ich mich seinen plumpen Zärtlichkeiten entzog. Ich bin dann öfter zu meiner Schwiegermutter ins Zimmer geflüchtet und habe die Nacht bei ihr auf dem Sofa zugebracht. Auch dann fragte sie nichts. Aber bestimmt hat sie genauso wie ich voller Angst wachgelegen und auf sein Kommen gewartet. Ihr konnte ja nicht verborgen geblieben sein, was sich im Nebenzimmer abspielte.

Um des Friedens willen blieb mir nichts anderes übrig, als mit Joachim eines Abends in sein Stammlokal zu gehen, wo er mich seinen Freunden vorstellen wollte. Zum Glück war es in einer anderen Gegend, und er führte mich in ein gutes Lokal. Seinen Freunden mußte er mein Kommen schon in Aussicht gestellt haben; denn als wir zur festgesetzten Zeit mit einer Taxe vorfuhren, standen alle bereit, um mich zu empfangen. Irgendwie hat es mich dann doch gerührt, daß einer von ihnen mir ein wunderschönes Blumenbouquet überreichte. In fast feierlichem Zug führte man mich in ein Nebenzimmer, in dem der Tisch festlich geschmückt war und ein ausgesuchtes Abendessen serviert wurde.

Mit wenigen Ausnahmen — so schien es mir — waren es seriöse Herren, die dort versammelt waren. Ich bemerkte wohl, wie sie mich beobachteten und daß einer von ihnen halblaut zu Joachim sagte: „Nicht die Hälfte hast du uns gesagt! Mensch, wie kommst du zu dieser Frau?" Da war mein Mann vor Freude wie ein ausgelassener Junge. Als er mir im Laufe des Abends einen Herrn aus Genf vorstellte, der mich auf Französisch ansprach, war er sichtlich stolz auf mich.

Wieder zu Hause angekommen, fragte mich Joachim: „Hast du bemerkt, wie dich alle bewundert haben?" Er war über diesen Abend so voller Glück, daß er mir sogar verriet, einer seiner Freunde habe gesagt: „Joachim, eine solche Frau bist du nicht wert."

Was hätte ich ihm darauf antworten sollen? Ich selbst war froh, festgestellt zu haben, daß er nicht nur mit minderwertigen Menschen verkehrte.

Und dann bekamen wir endlich die neue Wohnung. Im Vergleich zu Frau Madeurys Chalet war sie zwar sehr einfach, aber immerhin bestand sie aus vier Zimmern mit einem Balkon und hatte vor dem Haus ein Gärtchen. Bis zum Wald waren es zehn Minuten Fußweg. Ich kann nicht beschreiben, wie glücklich ich über diese Wende war. Aber noch etwas erfüllte mich mit einer Freude, wie ich sie nie vorher empfunden hatte, trotz allem Schweren. Ich wußte, daß ich ein Kind erwartete. Wohl war dieses Kind, meine kleine Lili, in Zeiten großer innerer Not gezeugt worden, und noch jetzt bange ich, ob die Kleine nicht etwas von der Schwermut übernommen hat, die mich in jenen ersten Monaten immer wieder überfiel. Doch empfing ich andererseits auch ein völlig neues Lebensgefühl. Wunderbarerweise war es das Wissen um das Werden dieses Kindes, das in mir ein neues Verhältnis zu meinem Mann schuf. Unsere kleine Tochter baute Brücken über Abgründe, noch bevor sie geboren worden war.

Bis dahin sah ich in meiner Ehe nur die Folge meiner Fehlentscheidung. Für mich war es demütigend, zu erkennen, daß das Opfer, das ich um meines Mannes willen zu bringen müssen glaubte, von Gott gar nicht gefordert und anerkannt wurde. Als ich wieder einmal „eine Hand voll Ruhe" gewinnen konnte, mitten im Getriebe unseres Umzugs, las ich in meiner Bibel das Wort: „Gehorsam ist besser denn Opfer!" Es traf mich zutiefst. Sollte ich darüber entsetzt sein, daß mir bereits im ersten Jahr meiner Ehe solche Erkenntnisse offenbart wurden und nicht erst nach einer Reihe von Jahren? Nein, es war gut, daß mir darüber so früh die Augen aufgingen. Ich würde nun aufhören mit dem krampfhaften Bemühen, meinen Mann ändern zu wollen. Das konnte nur Gott.

Jetzt, nachdem ich ein Kind und eine größere Wohnung zu versorgen habe, werde ich wohl noch weniger Zeit für mich selbst beanspruchen können, aber meine tägliche stille Stunde will ich unter allen Umständen beibehalten. Ich brauche sie zum inneren Gleichgewicht.

Meine Möbel wurden aus der Schweiz nach hier transportiert. Jedes Stück habe ich liebevoll gestreichelt. Ich habe die Möbel mit Frau Madeury ausgesucht. So waren sie mir ein Gruß aus der Heimat. Wunderbarerweise paßten sie beinahe wie abgemessen in die neue Wohnung.

Das Haus, in dem wir wohnen, gehört einem freundlichen alten Ehepaar. Vom ersten Augenblick an war es mir, als gehörten wir zusammen. Der alte Herr kam uns am Tag des Einzuges entgegen mit den Worten: „Gott segne Ihren Eingang!"

Joachim ist überglücklich, eine Tochter zu haben. Als sie vor zwölf Tagen geboren wurde, kam er zu mir in die Frauenklinik. Ich lag an diesem Tag nach der Geburt alleine in einem Zimmer. Er setzte sich an mein Bett und weinte. Noch nie hatte ich ihn in einer solchen inneren Bewegung gesehen. Als er sich einigermaßen gefaßt hatte, ergriff er meine beiden Hände und sagte: „Liliane, ich gelobe dir in dieser Stunde, mich von Grund auf zu ändern. Ich weiß, du hast im letzten Jahr, im ersten unserer Ehe, viel gelitten und manchmal daran gezweifelt, ob aus mir je ein anderer Mensch werden wird. Was du nicht vermochtest, wird unser Kind, unsere Tochter, vollbringen. Sie soll sich einmal ihres Vaters nicht schämen müssen."

O wie gerne will ich ihm glauben! Als er mich dann beinahe kläglich fragte: „Hast du mich wenigstens ein klein wenig lieb, nachdem wir miteinander dieses Kind haben?", da vermochte ich ihn nicht zu enttäuschen. Ich strich ihm über das Haar und erklärte – ausweichend – aber doch mit dem Wunsch, ihm etwas Freundliches zu sagen: „Joachim, unser Kind kann nicht ohne die gegenseitige Liebe seiner Eltern gedeihen. Das eine empfinde ich schon heute, daß es bereits jetzt Brücken von Herz zu Herz schlägt."

Der Arzt wollte mich noch länger in der Klinik behalten, denn es war keine leichte Geburt gewesen. Doch bat ich ihn inständig, nach Hause entlassen zu werden, weil ich glaubte, daß meine Schwiegermutter unter dem Alleinsein sehr litt. Sie konnte es kaum erwarten, bis ihr Enkeltöchterchen kam. Ich werde sehr achtgeben müssen, daß sie Lili nicht ebenso verwöhnt, wie sie es bei Joachim getan hat.

Frau Bergergrün, unsere Hauswirtsfrau, hat mich mit ihrem Mann in der Klinik besucht und gesagt: „Kommen Sie nur so bald wie möglich nach Hause, Frau Frohgemut. Ich will gerne in der Zeit, in der Sie sich schonen müssen, nach Ihnen sehen und Ihnen helfen."

Nun liege ich hier in unserer Wohnung. Die Sonne scheint in mein Zimmer. Lili liegt schlafend neben mir. Alle ihre Lebensäußerungen beglücken mich. Manchmal muß ich leise mit ihr reden, als könnte sie mich schon verstehen: „Kleine Lili, bei allem Schweren, was ich in den letzten Monaten durchgemacht habe, beginne ich doch, ein wenig zu hoffen. Du hast dich schon jetzt als Freudenbringer erwiesen. Ach, möge es doch so sein, wie dein Vater gesagt hat: daß dein Dasein ihm hilft, anders zu werden!

Als ich soeben meine kleine Lili im Körbchen liegen sah — ich habe es mit einem zartgeblümten Stoff ausgeschlagen und darüber einen Bogen gespannt —, da mußte ich daran denken, wie Joachim am Tage nach der Geburt sofort in die Stadt fahren wollte, um einen Stubenwagen zu kaufen. „Ich habe mir schon den Allerschönsten bei Korb-Mayer ausgesucht", sagte er. Nur mit viel Überredungskunst konnte ich ihn davon abbringen. Solch ein Stubenwagen ist sehr teuer, und wir haben, obgleich Joachim gut verdient, nicht so viel Geld. Er behauptet, immer noch Rechnungen begleichen zu müssen für Anschaffungen, die er vor unserer Heirat gemacht hat. Nur sehe ich nicht viel von diesen Anschaffungen, und er wird jedesmal wütend, wenn ich darauf anspiele. Zum Lebensunterhalt gibt er mir gerade das Nötigste. Ich muß sehr einteilen, um durchzukommen. Jedenfalls gelang es mir, ihm den Stubenwagen auszureden. Einen Teddybär ziemlicher Größe hat er aber doch schon gebracht. Ich wollte ihm die Freude nicht verderben und habe geschwiegen. Was aber den Korb anbelangt, in dem meine kleine Tochter liegt, so ist damit nicht allein der Gedanke an die Geldausgabe verbunden, sondern wohl auch ein Stück Pietät. Wir alle, meine Geschwister und ich, haben nach unserer Geburt in einem Wäschekorb gelegen. Vielleicht sollte der Korb meiner kleinen Lili ein wenig dazu beitragen, daß ich das Heimweh, das mich immer wieder einmal heftig überkommt, besser überwinden kann. Wie töricht ich doch bin!

Nun aber steht mir eine große Freude bevor. Zu Ostern soll unser Kind getauft werden. Zu diesem Fest kommen meine Mutter und Frau Madeury, und worüber ich ganz besonders glücklich bin: meine kleine Schwester Vreneli darf die Mutter begleiten. „Lieber Gott, ich danke dir, daß ich wieder ein klein wenig zur Freude zurückgefunden habe!“

Im Juni 1958

Ich hatte mir fest vorgenommen, in mein Tagebuch regelmäßig Eintragungen zu machen, aber es war mir einfach nicht möglich. Wie oft hatte ich es schon in der Hand, ja, es lag bereits aufgeschlagen vor mir, doch dann kam wieder irgend etwas dazwischen. Eines der Kinder schrie oder verlangte nach mir, meine Schwiegermutter benötigte mich dringend, oder im Haushalt gab es etwas Unaufschiebbares zu tun.

Heute aber drängt es mich geradezu zum Schreiben. So, wie ich es bis jetzt überblicken kann, habe ich dafür einen ganzen Nachmittag Zeit. Die Kinder sind bei unseren Hausleuten. Frau Bergergrün kam am Morgen zu mir und sagte: „Ich meine, Sie sollten einmal einen freien Nachmittag haben. Sie sehen in letzter Zeit wieder so müde aus, daß ich in größter Sorge bin, Sie könnten zusammenklappen. Und was wird dann?"

Wie wohl das tut, wenn sich ein Mensch um einen sorgt! Zwar wäre es undankbar von mir, wollte ich behaupten, Bergergrüns wären die einzigen, die das tun. Nach wie vor habe ich ein gutes Verhältnis zu meiner Schwiegermutter, aber sie ist immerhin schon zweiundsiebzig Jahre alt und liegt jetzt meistens zu Bett. Sie ist von meiner Pflege und Betreuung abhängig. Das erfordert Zeit und Kraft neben dem Haushalt und meinen drei Kindern. Aber Mama ist immer dankbar für alles. Ihre Augen sind stets voller Angst auf mich gerichtet, wenn sie wieder, wenn auch nur aus ihrem Zimmer, miterlebt hat, wie mein Mann mit mir umgeht oder die Kinder anschreit, die er trotz allem in seiner Art liebt.

Um mich sorgen sich auch meine Mutter und Frau Madeury. Beide schreiben mir regelmäßig und umgeben mich und die Kinder mit rührender Liebe. Öfter kommt ein Päckchen. Wie froh ich darüber bin, kann ich gar nicht sagen! Was täte ich wohl ohne die Meinen in der Schweiz? Mutter strickt für die Kinder, und Frau Madeury scheint jedesmal genau zu wissen, was ich gerade jetzt am nötigsten brauche — ein Paar Schuhe für Lili oder ein Mäntelchen für Peterli, der jetzt drei Jahre alt ist. Unsere Jüngste, die vor acht Wochen geboren wurde, braucht außer meiner Liebe und Betreuung noch nicht viel, denn all die Sachen, die so ein Kleines benötigt, sind von den beiden älteren Geschwistern noch da.

Es ist sehr lieb von Frau Bergergrün, mir heute nachmittag die Kinder abzunehmen. Sie meinte, ich solle in dieser Zeit schlafen. Ach, das ist es ja gerade, ich verlebe unruhige Nächte — nicht, weil mich die Kinder stören — sogar unsere kleine Veronika, unsere Vreni, macht sich nur selten bemerkbar. Was mich nicht zur Ruhe kommen läßt, sind die Sorgen. Wie sollte ich da tagsüber schlafen können?

Eben habe ich noch einmal meinen ersten langen Tagebucheintrag überflogen. Er schließt mit den Worten: Lieber Gott, ich danke dir, daß ich wieder ein klein wenig zur Freude zurückgefunden habe!

Das war in der Zeit, als Joachim wieder einmal hoch und heilig versprochen hatte, sich zu ändern. Eine Zeitlang ging es auch ganz ordentlich. Der Gedanke an Lili hatte in ihm neue Impulse geweckt. Er blieb abends öfter zu Hause, und ging er einmal aus, dann kam er nie spät zurück wie sonst, vor allem nicht in angetrunkenem Zustand. Wie froh war auch seine Mutter. Aber unsere kleine Tochter war noch kein Vierteljahr alt, da begann das alte Leben von neuem. Vor allem kränkte es mich, daß er im verstärkten Maß darüber zu spotten begann, was mir heilig war. Wenn ich über dem Bettchen unseres Kindes betete, konnte er mich ansehen, als wollte er sagen: Du bist in der Tat nicht ganz normal! Er sprach es auch aus: „Was du tust, ist doch geradezu idiotisch! Was soll Lili davon haben, wenn du deine Gebete murmelst? Davon versteht sie doch keine Silbe."

Wenn ich versuchte, ihm zu erklären, daß ich das Gebet als die größte Macht der Welt ansähe, lachte er mir ins Gesicht: „Dann mußt du ein schwacher Beter sein; denn dein Winseln vor Gott hat bisher nicht vermocht, mich zu überzeugen oder zu ändern." Ich war über seine Art so entsetzt, daß ich zunächst keine Worte fand. Am Abend dieses Tages wagte ich, bevor er wieder zu seinem Stammtisch oder wer weiß wo hin ging, ihn daran zu erinnern, was er sich bei der Geburt unserer ältesten Tochter vorgenommen hatte. Da fuhr er mich an: „Hör auf mit deinen sentimentalen Anwandlungen! Du wirst doch nicht behaupten können, daß ich euch vernachlässige. Immer siehst du nur meine Fehler. Daß ich mich mehr als andere Männer um meine Familie kümmere, davon scheinst du nichts zu merken." Und dann brach er in ein so häßliches Lachen aus, daß es mir durch und durch ging. „Wenn du so weitermachst mit dem Kinderkriegen", fuhr er fort, „und ich mich bei jedem Kind, das du in die Welt setzt, um ein Stück bessere, hast du eines Tages schließlich doch noch einen Heiligen als Mann."

Das war damals, als sich die ersten Zeichen einer neuen Schwangerschaft bei mir bemerkbar machten. Ich war so entsetzt über seine Worte, daß ich es an diesem und in den nächsten Tagen nicht wagte, ihm zu sagen, daß ich vermutete, wieder ein Kind zu bekommen. Als ich es dann aber doch nicht länger verschweigen konnte, fuhr er mich an: „Jetzt ist's aber genug, das kann ich dir sagen!"

Ich vermochte ihn nur stumm anzublicken. Aller Unverfrorenheit setzte er die Krone auf, indem er in herausforderndem Ton sagte: „Sprich es nur aus, was du denkst: Von meiner Seite ist dem abzuhelfen, zumal du dich während unserer Ehe mir noch nie mit Freuden hingegeben hast . . ." — ach, er drückte sich noch ganz anders aus, aber ich vermag es nicht wiederzugeben! Immer mehr verletzte er mich mit einer ordinären Art, in die er in solchen Augenblicken verfällt. Obwohl ich in denkbar einfachen Verhältnissen aufgewachsen war, aber so gewöhnlich hätte in meinem Elternhaus niemand gesprochen. Als ich es ihm einmal sagte, fuhr er auf: „Ist das ein Wunder? Weder dein Vater noch der fromme, alte Schwätzer, dein Patenonkel aus dem Elsaß, noch einer deiner Brüder hat es je nötig gehabt, in den Krieg zu ziehen.

Glaubst du, der Aufenthalt an der Front bringt einem gute Manieren und feine Ausdrucksformen bei? Und wer sie vorher besaß, verliert sie dort todsicher."

Es schien immer schlimmer mit ihm zu werden. Manchmal habe ich mich gefragt, ob Joachim von einem bösen Geist besessen sei. Als er jenes Gespräch mit den Worten schloß, daß er keineswegs auf meine Gnadenbeweise angewiesen sei — es gäbe genug andere Frauen —, da meinte ich, Schlimmeres könnte mir nun nicht mehr geschehen. Aber wahrscheinlich, so versuchte ich mich zu beruhigen, waren das nur leere Drohungen. So weit konnte er doch unmöglich gehen, daß er sein früheres Leben wieder aufnahm und mir untreu würde.

Ach, ich ahnte damals noch nicht, was mir später zur entsetzlichen Gewißheit wurde. Eines Tages erhielt ich einen Brief. Da er anonym war, wollte ich ihm keine Bedeutung beimessen. Irgendeine Frau aus der Altstadt schrieb mir — gewiß war es dieselbe, die mich in der ersten Zeit unserer Ehe schon daraufhin angesprochen hatte: „Sie tun gut daran, einmal nachzuforschen, mit wem ihr Mann jetzt die halben Nächte zubringt. Glauben Sie immer noch fest an seine Unschuld?" Aus dieser Frage entnahm ich, daß es sich um dieselbe Frau handeln mußte, die früher in der Altstadt neben uns wohnte. Sie schrieb weiter: „So harmlos kann nur eine Frau wie Sie sein, die keine Ahnung von der Schlechtigkeit der Männer hat."

Einen kurzen Augenblick war ich versucht, Joachim den Brief zu zeigen, aber was würde es helfen? Entweder würde er alles ableugnen oder mir dreist ins Gesicht lachen: Ich habe es dir doch gesagt, was ich zu tun gedenke!

Eine Hand voll Ruhe! Konnte mein aufgewühltes, empörtes Innere dadurch wieder still werden? Warum erhörte Gott meine Gebete nicht? Was konnte ich mehr, als meine eigene Torheit und Vermessenheit einzusehen, mit der ich gemeint hatte, Joachim vor dem Abgrund retten zu können? Warum griff Gott nicht ein, schon um unserer Kinder willen, die doch am Versagen ihres Vaters nicht schuld waren, oder um meiner Schwiegermutter willen, die ebenfalls Tag und Nacht um die Errettung ihres Sohnes zu Gott schrie? O wie schwach und unglücklich fühlte ich mich damals! Und doch hätte ich jene Zeit nicht ertragen können ohne eben diese Hand voll Ruhe. Davon lebe ich noch heute. Es ist nicht etwa so, daß ich ohne Anfechtung wäre, aber es geht doch immer wieder ein Stückchen weiter.

Wunderbarerweise wird mir dann gerade das Wort gegeben, das ich benötige. Unlängst las ich: „Laß dir an meiner Gnade genügen, denn meine Kraft ist in den Schwachen mächtig.“ Ja, so hat sich das Blatt gewendet. Aus der hochanständigen, ihrer Mädchen- und Frauenwürde bewußten Liliane, die sich ihres guten Rufes vor Joachim Frohgemut glaubte rühmen zu können, ist ein hilfloser, seiner eigenen Schwachheit bewußter Mensch geworden, der wie ein Ertrinkender nach solchen Worten greift: „Laß dir an meiner Gnade genügen!“

Hin und wieder, aber ganz selten, gelingt es mir, mit Joachim zu sprechen und ihm zu sagen, wie ganz anders unser gemeinsames Leben sein könnte, wenn wir miteinander den einen Weg gehen würden, von dem die Bibel als von dem Weg spricht, der zum Vater führt: Christus. Ist mein Mann dann gerade etwas zugänglicher, dann kann er erwidern: „Ach du, immer mit deinem Christus! Ich leugne ja nicht, daß es einen Gott gibt, und wenn du die Kinder beten lehrst, habe ich nichts dagegen. Aber versuche nicht, mir etwas aufzudrängen, von dem ich nichts halte!“ Es kann aber auch ebensogut sein, daß er mir das Wort abschneidet und mich anfährt: „Laß mich in Ruhe mit deinen frommen Verrücktheiten!“ Vergessen scheint er zu haben, was er mir beteuert hat, als er mich seinerzeit bat, seine Frau zu werden.

Eines Tages sagte er: „Ich weiß nicht, was du immer von mir willst! Wir leben nun einmal in einer anderen Zeit. Sei überzeugt, die meisten meiner Geschäftskollegen haben nebenher eine Freundin. Was ist denn auch dabei?"

Ich habe ihn entsetzt angesehen, entsetzt darüber, daß dies so gelassen aus seinem Munde kam, und ich habe ihn gefragt: „Also auch du?"

Da ist er mir ausgewichen. „Ich habe doch nicht von mir, sondern von meinen Geschäftskollegen geredet." In diesem Augenblick wußte ich: Er hintergeht mich. Für einen Augenblick hieß es in meinem Innern: Nimm die Kinder, fahre zurück nach Iseltwald. Lieber ein Leben in größter Armut, als ein so unwürdiges Dasein führen. Aber dann siegte in mir die Vernunft. Wo sollte ich denn mit meinen drei Kindern hin? In Mutters Häuschen war für uns alle kein Platz. Mein ältester Bruder hatte inzwischen geheiratet und lebte mit seiner Familie bei der Mutter. Seine Frau hatte im vergangenen Jahr Zwillinge bekommen. Sollte ich Frau Madeury fragen, ob sie mich mit den Kindern aufnehmen würde? Nein, sie hatte mich unter Tränen gewarnt. Sie hatte vorausgesehen, was auf mich zukam, doch ich hatte mich nicht warnen lassen. Zwar ließ sie mich immer wieder wissen, daß sie für mich da sei, aber ich hatte bisher nicht vermocht, ihr mitzuteilen, wie es in Wirklichkeit um mich und meine Familie stand.

Lichtblicke, ja, ich möchte sagen, die einzigen wirklichen Lichtblicke in den letzten Jahren waren jeweils die Urlaubstage, die ich mit meinen beiden ältesten Kindern und meiner Schwiegermutter in Iseltwald verleben durfte. Frau Madeury hat uns grundsätzlich für jedes Jahr eingeladen. Daheim bin ich ein anderer Mensch. Nicht alles, aber doch ein großer Teil von dem, was mich sonst in meinem Alltag bedrückt, fällt dort von mir ab. Nie versucht Frau Madeury, mich auszufragen. Auch meine Mutter dringt nicht in mich, um Einzelheiten aus meinem Eheleben zu erfahren. Alle freuen sich an unseren Kindern und wissen, so glaube ich, wie schwer mein Dasein ist. Meine Schwiegermutter rühmt mich dann sowohl vor Frau Madeury als auch vor meiner Mutter als tüchtige, sparsame Hausfrau und als liebevolle, um meine Kinder besorgte Mutter. Ich mag gar nicht, daß sie so spricht, aber wie könnte ich ihr, die sie vielleicht nur noch kurze Zeit zu leben hat, Vorschriften machen wollen! Nie sagt sie etwas Negatives über ihren Sohn. Aber Frau Madeury ist hellhörig genung, zu ahnen, was Mama meint, wenn sie mal erwähnt: „Liliane hat es nicht leicht, aber sie ist sehr tapfer!"

Oft, wenn die Kinder bereits schlafen, bin ich abends noch ganz alleine an den See, meinen lieben, alten See, gegangen. Wenn dann die Wellen ans Ufer schlugen, in demselben Rhtyhmus als zu meiner Kinderzeit, dann hatte ich das Gefühl, ich müsse mit meinem Vater Zwiesprache halten. Da habe ich dann öfter gesagt: „Vater, weißt du noch, was du mir damals, als ich das erste Mal das Elternhaus verließ, auf einen Zettel geschrieben hast? ‚Frage nicht in erster Linie nach dem, was du möchtest, sondern nach dem, was deine Pflicht ist, und sorge immer dafür, daß du einen offenen Himmel über dir hast.'

Ach, Vater — damals, als ich meinte, Joachim mein Jawort geben zu müssen, habe ich es getan, weil ich glaubte, es sei meine Pflicht, so zu handeln. Ich habe ihn nicht aus Liebe geheiratet. Aber heute scheint es mir, als hätte ich mich damals nicht genug darum gekümmert, ob ich über mir wirklich einen offenen Himmel habe, sonst würde ich wohl deutlicher nach dem Willen Gottes gefragt haben. Meine Entscheidung war ein großer Irrtum. Nun muß ich dafür büßen! Nein, ich muß es tragen, muß unter der Last bleiben, bis Gott sie auf irgendeine Art von mir nimmt, indem er die

Situation ändert." Und dann betete ich: „Gib, daß ich mich bewähre, und laß mich wenigstens jetzt, auch in den dunkelsten Stunden meines Lebens, einen offenen Himmel über mir haben!" So wurden diese stillen Abendwege in meinem geliebten Heimatort auch zu einer Hand voll Ruhe, die mir dazu verhalf, die nächste Wegstrecke trotz allem unter einem offenen Himmel zurücklegen zu können.

Ich höre Frau Bergergrün mit den Kindern kommen. Ich habe gar nicht gemerkt, wie die Stunden vergingen. Aber es hat gut getan, sich vom Herzen zu schreiben, was einen bewegte. Wie lange wird es dauern, bis ich wieder Zeit und Gelegenheit haben werde, dies zu tun?

Juli 1964

Diesmal sind die Kinder allein in Iseltwald. Es ist mir schwer genug gefallen, nicht mitreisen zu können. Aber bevor Peterli seinen ersten Schultag erlebt, wollte ihn meine Mutter gerne noch einmal bei sich haben. Markus hat sich zwei Tage freigenommen und die Kinder geholt. Peterli ist im Fischerhüsli, und die beiden Mädchen, Lili und Veronika, sind bei Frau Madeury im Chalet. Wenn es irgendwie geht, möchte ich zum Schluß der Ferien wenigstens noch für ein paar Tage nach Iseltwald fahren, um ein wenig auszuspannen. Aber ich möchte Mama jetzt nicht alleine lassen. Sie ist so schwach, daß ihr Lebenslicht jeden Tag auslöschen kann.

Und dann ist da der große Garten, der versorgt sein will. Heute am Sonntag habe ich mich in das Zimmer meiner Schwiegermutter gesetzt, um in ihrer Nähe zu sein, wenn sie mich benötigt. Da ist mir der Gedanke gekommen, wieder einmal mein Tagebuch vorzunehmen. Sechs Jahre habe ich nichts eingeschrieben. Was alles ist in dieser Zeit geschehen!

Joachim hat sich nicht geändert. Zwar gibt es Tage, in denen er nett zu mir ist. Wenn wir Besuch haben, was dann und wann einmal vorkommt, ist er sogar auffallend liebenswürdig zu mir und hört es nach wie vor gerne, wenn seine Freunde mir Komplimente machen. Sind wir aber alleine, frage ich mich manchmal, ob überhaupt noch ein kleiner Rest Zuneigung mir gegenüber bei ihm vorhanden ist. Über Liebe will ich gar nicht reden, ist doch seine Auffassung von Liebe eine völlig andere als die meine. Manchmal fällt es mir schwer, zu ihm gleichmäßig freundlich zu sein — etwa, wenn er in der Nacht wieder spät oder auch erst gegen Morgen nach Hause kommt.

Er ist dann heftigen Stimmungsschwankungen unterworfen. In letzter Zeit überkam ihn öfter das heulende Elend. Ich habe es früher nie leiden können, wenn man von einem Menschen, der an den Alkohol gebunden war, in dieser Weise sprach, aber jetzt erlebe ich es im wahrsten Sinne des Wortes. Es kommt dann vor, daß er sich auf meinen Bettrand setzt und zu weinen beginnt. Er klagt sich dann an, daß er nicht halten könne, was er mir versprochen habe. Mich kostet es dann alle Mühe, ihn davon abzuhalten, daß er nicht die Kinder aus dem Schlaf reißt, um sie dafür um Verzeihung zu bitten, daß er ihnen kein guter Vater ist. Er hängt an den Kindern, besonders an unserer Ältesten. Er behauptet, daß sie mir sehr gleiche und ihn manchmal mit demselben forschenden Blick ansehe, wie ich es vor Jahren getan habe, als wir uns zum ersten Mal begegneten. Ist er gut gelaunt, so nimmt er Lili in seine Arme und herzt und küßt sie. „Du Ebenbild deiner Mutter! Daß es so etwas gibt!" Ist er aber verärgert oder steht noch unter Alkoholeinfluß, dann kann er sie ebensogut anschreien: „Sieh mich nicht so vorwurfsvoll an, wie es damals deine Mutter tat! Ich kann diesen Blick nicht ertragen."

Auf die Dauer konnte es den beiden größeren Kindern nicht verborgen bleiben, daß mit dem Vati etwas nicht stimmt. Ganz besonders scheint Lili darunter zu leiden, denn auch sie hängt an ihm. Immer wieder, wenn es mir trotz der Menge der Arbeit gelingt, irgendwann am Tag wenigstens eine kleine Hand voll Ruhe zu ermöglichen, muß ich, wie schon so oft, beten: „O Gott, um der Kinder willen, greife doch auf irgendeine Weise ein, ändere ihn!"

Im Geschäft scheint man mit Joachim zufrieden zu sein. Er ist inzwischen Abteilungsleiter geworden, hat einige Verkäuferinnen unter sich und spricht dauernd von einer Gehaltserhöhung, die er erwartet. Ich weiß nicht, inwieweit ich ihm glauben kann. Daß er gewandt und bei der Kundschaft beliebt ist, bezweifle ich keinen Augenblick. Er kleidet sich gut, achtet auf ein gepflegtes Äußeres und vernachlässigt sich nie, auch wenn er dem Alkohol mehr zugesprochen hat, als es gut ist. Wie oft schon habe ich ihn gebeten, mir ein festes Unterhaltsgeld zu geben, mit dem ich haushalten kann. Jetzt einen Zwanzigmarkschein und dann wieder zehn Mark, das nächste Mal kann es auch ein Fünfzigmarkschein sein, aber nie ist es eine bestimmte Summe. All mein Bitten war bisher vergebens. Immer kann ich ja nicht mit Zuwendungen aus der Schweiz rechnen, und bitten möchte ich nie darum.

So mußte ich mir etwas einfallen lassen, mitzuverdienen. Von dem Geld, was Frau Madeury mir dann und wann sandte oder zusteckte — wenn ich mit den Kindern bei ihr war —, habe ich mir eine Strickmaschine gekauft. Abends, wenn ich noch alleine auf bin, stricke ich Kindersachen, die mir ein Geschäft in der Stadt abkauft. Wie schwer war es mir, als ich das erste Mal mit ein paar bunten Kinderkleidchen dort vorsprach — wie ein Hausierer kam ich mir vor. Die Kleider gefielen dem Geschäftsinhaber, außerdem war seine Frau eine Schweizerin. Sie hörte es sogleich an meiner Aussprache, daß wir Landsleute sind. Mir kamen beinahe die Tränen, als sie mich auf Schwizerdütsch ansprach. Jedenfalls bestellte sie sofort einige Kleider. Seitdem ist sie feste Abnehmerin meiner Strickarbeiten. Schon zweimal hat mich die Dame zum Kaffee eingeladen, und wir haben miteinander über die Heimat gesprochen.

Was mich bei der Sache bedrückt, ist, daß ich zum ersten Mal seit unserer Eheschließung vor meinem Mann Heimlichkeiten haben muß. Wenn er es wüßte, daß ich mir durch diese Strickarbeiten einen Nebenverdienst ermögliche, würde er mir noch weniger Geld geben. Die Kinder aber werden größer und damit auch ihre Bedürfnisse.

Als ich eines Tages, es sind nun auch schon etliche Jahre her, mit meinen dreien einen Spaziergang machte, kamen wir an einem Gartengrundstück vorbei, das ziemlich verkommen und voller Unkraut war. Ein Schild zeigte an, daß ein Pächter dafür gesucht werde. Ein alter, aber noch gut erhaltener Holzzaun umgab das Grundstück. Plötzlich stieg in mir der Gedanke hoch: Und wenn du es pachten und dir einen Gemüsegarten anlegen würdest — vielleicht auch ein paar Blumenbeete? Immer habe ich Blumen geliebt, und Frau Madeurys Garten, den ich zu versorgen hatte, war wohl einer der schönsten in ganz Iseltwald. Ich bat meinen Mann, mir zu erlauben, das Gartenstück zu pachten. Zuerst wollte er nicht recht, dann aber sah er ein, daß damit den Kindern gedient sei, wenn sie einen Platz hätten, auf dem sie spielen könnten. Außerdem meinte er, ich könnte dort Gemüse und Kartoffeln anpflanzen und würde dann wohl mit weniger Haushaltsgeld auskommen.

„Mit noch weniger?" entfuhr es mir. Dann aber griff ich zu. Wir pachteten das Gartengrundstück. In den ersten zwei Wochen reizte es sogar Joachim, mir zu helfen, das Unkraut auszuroden, den Boden umzugraben und den Gartenzaun zu streichen. Aber sein Interesse ließ bald nach. Als er mir das nächste Mal eine wirklich lächerlich kleine Summe zum Leben gab, und ich ihn erschrocken fragte, wie er sich vorstelle, daß ich damit auskommen soll, antwortete er ungerührt: „Du hast jetzt ja deinen Garten. Sieh zu, daß du bald etwas erntest." Damals hatten wir noch nichts gesät. Was dachte er sich nur?

Mama hatte unser Gespräch wieder einmal aus ihrem Zimmer mit anhören können. Als ich nun aber mit verweinten Augen zu ihr kam, griff sie in die Kassette, die immer in ihrer Nachttischschublade stand, und gab mir einen Hundertmarkschein. Schon öfter hatte sie eingegriffen, wenn mein Haushaltsgeld zu Ende war.

An diesem Tag fragte sie mich: „Hat Joachim dir gesagt, daß er sich ein Auto anschaffen will?" Ich sah sie so entsetzt an, daß sie ihre Nachricht zu mildern suchte, indem sie meinte, noch habe er es ja nicht. Mir aber wurde klar, warum ich immer weniger Geld von ihm bekam. Nun wußte ich, daß ich zur Selbsthilfe greifen mußte. Tagsüber arbeitete ich im Garten, während die Kinder um mich herum spielten und die beiden größeren schon mit kleinen Handreichungen helfen konnten. Abends, wenn sie schliefen, saß oder stand ich bis tief in die Nacht hinein an meiner Strickmaschine. Mit der Zeit wurde es mir möglich, nicht nur für unseren eigenen Gebrauch Gemüse anzubauen. Ich erlebte es immer wieder, daß Leute aus der Nachbarschaft kamen, sich über meine prächtigen Salatköpfe, meinen Spinat, Rhabarber oder anderes freuten und fragten, ob sie bei mir etwas kaufen könnten.

Ebenso nimmt mir ein Geschäft in der Nachbarschaft die Erzeugnisse meines Gartens ab. Meine Blumen, besonders die verschiedenen Rosenarten, sind meine ganze Freude. Während ich in meinem Garten arbeite, halte ich oft Zwiesprache mit dem, der gesagt hat: „Ich will dich mit meinen Augen leiten." Er nimmt auch das unausgesprochene Gebet an, und so wird mir sogar während der Arbeit immer wieder eine Hand voll Ruhe geschenkt. Ich aber übe mich — ist es vermessen, wenn ich dies niederschreibe? — Auge in Auge mit Gott zu bleiben, damit er mich mit seinen Augen leiten kann.

Doch für heute muß ich zum Schluß kommen. Immer, wenn ich einmal Zeit finde, in mein Tagebuch zu schreiben, kann ich nur schwer aufhören. Wie schön, daß Mama während der ganzen Zeit geschlafen hat. Das wird ihr gut tun.

Mein Gott, steh mir bei! Mama ist gestorben, ganz sanft eingeschlafen, während ich am Tisch saß und schrieb!

Im Dezember 1973

Obgleich ich nur selten zum Schreiben kam, sind eine ganze Anzahl meiner Tagebuchblätter gefüllt. Mehr als neun Jahre sind seit dem letzten Eintrag vergangen. Am Todestag meiner Schwiegermutter habe ich das Letzte geschrieben. So sehr ich ihr den stillen, kampflosen Heimgang gegönnt habe, so sehr vermisse ich sie auch. Noch heute bin ich dankbar für das gute Einvernehmen, das zwischen uns beiden bestand. Joachim war natürlich erschrocken, als ich ihm telefonisch mitteilen mußte, daß seine Mutter gestorben sei. Erschüttert stand er vor ihr. Ich glaube, es war ernst gemeint, als er ausrief: „O Mama, jetzt hast du mich verlassen, ohne von mir Abschied zu nehmen, und ich hatte dir doch noch so viel sagen wollen! Ich war nicht immer gut zu dir. Verzeih mir!"

Ich glaubte in diesem Augenblick an die Aufrichtigkeit seiner Tränen, war aber doch erschüttert, als er, noch bevor seine Mutter unter der Erde lag, ihr Zimmer durchsuchte. „Sie muß doch Erspartes haben! Unmöglich hat sie ihre ganze Rente aufgebraucht." Als sich dann in der Tat eine Summe fand und auch ein Brief, von ihrer Hand geschrieben, daß sie ihm die Hälfte ihrer Ersparnisse vermache, die andere Hälfte aber für mich und die Kinder gedacht sei, war ihm die Regelung der Gelder sichtlich wichtiger als der Tod seiner Mutter, wenigstens schien es in jenen Augenblicken so. Er wandte sich mir zu und sagte: „Ich nehme an, daß du das Geld, was sie für dich und die Kinder bestimmt hat, vorerst mir zur Verfügung stellst, damit ich mir ein Auto kaufen kann."

Da habe ich mich aber mit aller Kraft und Energie gewehrt. „Was du mit deinem Geld machst, Joachim, das ist deine Sache, obgleich es wohl naheliegend wäre, daß wir auch darüber gemeinsam beraten. Aber auf keinen Fall gebe ich zu, daß du dich an dem Geld der Kinder und an dem, was Mama mir persönlich zugedacht hat, vergreifst. Es ist bestimmt in ihrem Sinne, daß unsere Kinder etwas lernen. Dafür werde ich das Geld auf die Bank bringen."

Nach diesen Worten verließ ich das Zimmer und machte mich an die Vorbereitungen zur Beerdigung meiner Schwiegermutter.

Joachim legte mir nichts in den Weg, als ich danach den Wunsch äußerte, nach Iseltwald zu fahren. Er versprach mir sogar, uns am Schluß der Ferien dort abholen zu wollen.

Doch dann kam jene furchtbare Nachricht. Unsere Hausbesitzer, Herr und Frau Bergergrün, sandten mir ein Telegramm. „Bitte sofort zurückkommen. Herr Fohgemut liegt im Krankenhaus."

Was war geschehen? Mich überfiel eine unbeschreibliche Angst. Da war es wieder meine gute mütterliche Freundin, die mir zu Hilfe kam — wie damals, als sie mir bis Bern entgegenfuhr, nachdem mein Vater gestorben war. Diesmal sagte sie: „Ich lasse dich nicht mit den Kindern allein reisen. Ich komme mit und bleibe in der nächsten Zeit bei dir." Wie ich es ihr dankte, daß sie dies trotz ihres Alters tat!

In Stuttgart am Hauptbahnhof stand Herr Bergergrün. Voller Umsicht geleitete er uns im Taxi nach Hause. „Der Chef Ihres Mannes will Sie sprechen, sobald Sie sich etwas von der Reise erholt haben", sagte er mir. Frau Bergergrün hatte alles für unser Heimkommen vorbereitet, eine Mahlzeit gekocht und Blumen zum Willkommen hingestellt. Sie und Frau Madeury brachten die Kinder, die nicht nur übermüdet waren, sondern auch etwas von dem Unglück zu ahnen schienen, das über uns hereingebrochen war, zu Bett.

Ich saß wie gelähmt in unserem Wohnzimmer und betete: „Herr, schenke mir Ruhe, nur soviel, daß ich imstande bin, zu ertragen, was jetzt auf mich zukommt."

Herr Bergergrün hatte mir mitgeteilt, daß es sich um einen Unglücksfall handele. Mehr wollte er nicht sagen.

Und dann beugte sich Joachims Chef über meine Hand und sprach mir sein Mitgefühl aus. „Ist mein Mann tot?" fragte ich und erzitterte vor seiner Antwort.

„Nicht er selbst, aber —", er zögerte, weiter zu sprechen.

„Bitte, reden Sie", bat ich und rang um Fassung. „Sagen Sie mir alles."

„Ich nehme an, daß Sie wissen, daß er —", wieder stockte seine Rede.

„War eine Frau bei ihm?" fragte ich, einer furchtbaren Ahnung folgend.

„Ja, es ist im ganzen Geschäft bekannt, daß unsere Buchhalterin, Fräulein Schmidtke, seine Geliebte war. Verzeihen Sie, Frau Frohgemut, daß ich Ihnen dies so unverblümt sage, aber da Ihr Mann noch nicht vernehmungsfähig ist — er hat schwere innere Verletzungen erlitten —, wird in den nächsten Tagen allerlei auf Sie zukommen; denn Fräulein Schmidtke hat keine Angehörigen."

„Und sie ist tot?" fragte ich.

„Ja, sie war sofort tot. Ihr Mann hatte mit ihr eine Fahrt

unternommen mit einem Leihwagen von der Firma, bei der er sich einen Wagen kaufen wollte. Dabei ist der Unfall geschehen. Wahrscheinlich hatten sie irgendwo Rast gemacht. Er stand unter Alkoholeinfluß. Daß Ihr Gatte schon vor einigen Wochen die Fahrprüfung gemacht und bestanden hatte, wird er Ihnen wohl gesagt haben."

„Nein, das wußte ich nicht."

So etwa verlief unser Gespräch. Was hätte ich in jenen Tagen, die so viel Aufregungen mit sich brachten, ohne Frau Madeury gemacht!

Als Joachim endlich wieder bei Bewußtsein war, dauerte es eine Weile, bis er sich an den Unfall erinnerte. Dann aber fragte er: „Was ist mit —", nur zögernd sprach er den Namen aus, „— mit Fräulein Schmidtke?"

„Sie ist tot!" sagte ich und sonst nichts.

Da lief ein Zittern durch seinen Körper, daß das Bett bebte. Stöhnend rief er aus: „Dein Gott hat zugeschlagen, Liliane!" Dann sank er wieder in tiefe Bewußtlosigkeit.

Morgen ist Weihnachten. Ich habe Joachims Rollstuhl ins Wohnzimmer neben den Christbaum gefahren. Er reicht mir Kugeln und Kerzen und hilft mir auf diese Weise bei der Festvorbereitung. Die ganze Familie wird beisammen sein. Lili ist Schwesternschülerin im Diakonissenkrankenhaus. Schon seit Jahren hat sie den Wunsch, Krankenschwester zu werden. Peter kommt für die Weihnachtsferien aus dem Internat nach Hause. Frau Madeury hat es übernommen, für seine Ausbildung aufzukommen. Hoffentlich bleibt er vor so manchen Versuchungen unserer Zeit bewahrt. Er hat viel von der Art seines Vaters. Veronika geht noch zur Schule. Sie hilft mir bei der Betreuung Joachims. Er ist querschnittgelähmt und wird seine Beine nie mehr gebrauchen können. Wie schnell schreibt sich das alles nieder. Gott allein weiß, was in den hinter uns liegenden Zeiten an Not und Tränen liegt.

Eines ist sicher, heute mehr denn vor Jahren, als ich glaubte, das Opfer meines Lebens bringen zu müssen: Er braucht mich! Joachim kann nie mehr ohne mich sein. War es also doch richtig, daß ich damals in Iseltwald diese Entscheidung traf und seine Frau wurde? Hätte ich gewußt, wie unsagbar schwer die Zeit meiner Ehe sein würde, ich hätte mich wohl anders besonnen. Jedenfalls würde ich nie einem Mädchen raten, so zu reagieren, wie ich es getan habe. Ich war so vermessen, mir zuzutrauen, was allein Gott tun kann.

Aber nun bin ich an die Seite meines hilflos gewordenen Mannes gestellt und habe trotz allem — oder vielleicht gerade deswegen — einen offenen Himmel über mir und die Bitte in meinem Herzen: „Gib mir, o Gott, für die Zeit meines Lebens, die mir noch verbleibt, und für die nicht leichte Aufgabe, meinen gelähmten Mann zu pflegen, jeden Tag, was ich benötige, um durchzuhalten: Eine Hand voll Ruhe!"

Weitere Erzählungen von Elisabeth Dreisbach als Taschenbuch-Ausgaben:

Herz zwischen Dunkel und Licht
141 Seiten. Taschenbuch Nr. 1

Es wird ein Schwert durch deine Seele dringen
188 Seiten. Taschenbuch Nr. 2

Ganz wie Mutter
159 Seiten. Taschenbuch Nr. 3

Heilige Schranken
271 Seiten. Taschenbuch Nr. 4

... und alle warten
235 Seiten. Taschenbuch Nr. 5

Wenn sie wüßten ...
253 Seiten. Taschenbuch Nr. 6

Glied in der Kette
256 Seiten. Taschenbuch Nr. 7

Steffa Matt
190 Seiten. Taschenbuch Nr. 8

Die Lasten der Frau Mechthild
243 Seiten. Taschenbuch Nr. 9

Des Erbguts Hüterin
239 Seiten. Taschenbuch Nr. 10

... und dennoch erfülltes Leben
Fortsetzung der Erzählung „Des Erbguts Hüterin"
243 Seiten. Taschenbuch Nr. 11

CHRISTLICHES VERLAGSHAUS GMBH STUTTGART

Der dunkle Punkt
212 Seiten. Taschenbuch Nr. 12

Die Versuchung der Chiara Frohmut
240 Seiten. Taschenbuch Nr. 13

Große Not im Kleinen Kaufhaus und anderes
240 Seiten. Taschenbuch Nr. 14

. . . und haschen nach Wind
267 Seiten. Taschenbuch Nr. 15

Was dein Herz wünscht
Fortsetzung der Erzählung „. . . und haschen nach Wind"
240 Seiten. Taschenbuch Nr. 16

. . . und keiner sah den Engel
246 Seiten. Taschenbuch Nr. 17

Lisettens Tochter
256 Seiten. Taschenbuch Nr. 18

Du hast mein Wort
277 Seiten. Taschenbuch Nr. 19

. . . das Treue auf der Erde wachse
Fortsetzung der Erzählung „Du hast mein Wort"
256 Seiten. Taschenbuch Nr. 20

Alle deine Wasserwogen
254 Seiten. Taschenbuch Nr. 21

CHRISTLICHES VERLAGSHAUS GMBH STUTTGART

Die zerrissene Handschrift
Fortsetzung der Erzählung „Alle deine Wasserwogen"
248 Seiten. Taschenbuch Nr. 22

In Gottes Terminkalender
256 Seiten. Taschenbuch Nr. 23

Kleiner Himmel in der Pfütze
Fortsetzung der Erzählung „In Gottes Terminkalender"
256 Seiten. Taschenbuch Nr. 24

Eine Hand voll Ruhe
205 Seiten. Taschenbuch Nr. 25

Das verborgene Brot
223 Seiten. Taschenbuch Nr. 26

Was dir vor die Hände kommt
Fortsetzung der Erzählung „Das verborgene Brot"
256 Seiten. Taschenbuch Nr. 27

Ich aber meine das Leben
238 Seiten. Taschenbuch Nr. 28

Liebe ist immer stärker
206 Seiten. Taschenbuch Nr. 29

Ein Freund wie du
220 Seiten. Taschenbuch Nr. 30

Die Kinder von Markeden
192 Seiten. Taschenbuch Nr. 31

CHRISTLICHES VERLAGSHAUS GMBH STUTTGART